mani
mani

漫履慢旅

出雲大社

鳥取

松江

⋈ 休日慢旅 ・ 能量無限 ⋈
放自己一個漫慢假期 ・ 漫晃步履 ・ 慢心滿意

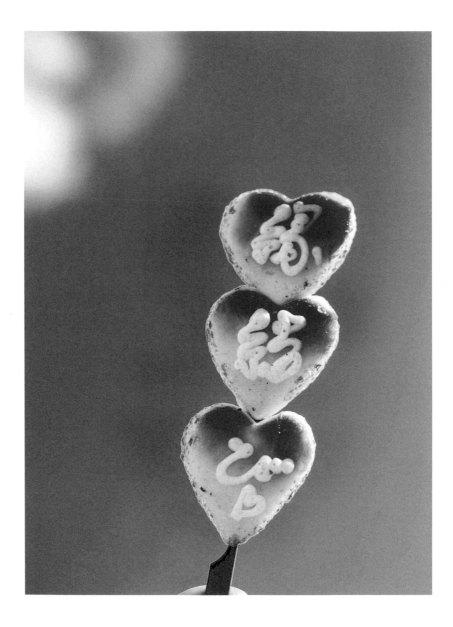

いずも縁結び本舗的心形結緣魚板，許下心願後來享用吧（P2）／來到結緣之神坐鎮的出雲大社參拜。高掛在神樂殿上的注連繩為日本最大（P3）／そば処田中屋的割子蕎麥麵。還是吃釜揚蕎麥麵好呢？忍不住三心二意起來（P4）／一畑電車・出雲大社站的復古車站，拍出來的照片也深具魅力（P5）／橫跨松江和出雲之間的宍道湖。湖面波光粼粼，還帶著一種神秘感（P6）

018

034

052

062

068

092

108

let's enjoy!

（符號標示）☎ 電話　MAP 地圖　🏠 地址　🚏 交通　💰 費用
🕐 營業時間　🄷 公休日　🄢 座位數　🄟 停車場
（地圖標示）🅐 觀光景點・玩樂景點　🍴 用餐　☕ 咖啡廳　🏠 伴手禮店・商店
🍸 酒吧・居酒屋　🏠 住宿設施　♨ 純泡湯　🚶 休息站　🚫 禁止通行

SCENE 1

@出雲大社

—— いづもおおやしろ（いづもたいしゃ）——

有充分時間好好和神明交流，是早晨參拜的一大魅力

出雲大社總是充滿著來自全國各地前來祈求姻緣的信徒，香火鼎盛。想要避開人群可以選擇早上6時左右，周遭只有鳥鳴聲，此時面向正殿，感覺更能好好的與神明交流（11～2月的開放時間為6:30開始）。天晴時朝陽照射在神殿上的莊嚴感、或雨後壟罩在晨露中的山嶺及神殿散發出的神秘感，都各有一番風貌。參拜完成後，真的會有種神清氣爽的感覺。在此住宿的旅客大多選擇參拜結束後才享用早餐。

RECOMMENDED BY

日の出館 第二代老闆娘
小川 尚美女士

鳥取縣米子市人。神門通上的老字號旅館日の出館（→P118）的第二代老闆娘，總是以笑容迎接每位旅客。喜歡收集能量石。

EARLY
MORNING

1 清晨無人的神社。可以看到神職人員清掃神社及準備祭祀的樣子

2 和隨處可見的兔子石像（→P34）說聲早安吧！

3 只有在早上才能見到無人的松之參道。新鮮清爽的空氣使人精神一振

4 沐浴在朝陽下閃耀的神殿。也有不少當地人每天早上來此參拜散步

5 早晨的陽光灑在一個個寫著祈求姻緣的繪馬上

6 白天熱鬧非凡的神門通，在清晨時分是一片寂靜

7 勢溜的大鳥居附近的攤販也隨著日出開始起準備工作

我最愛的出雲・松江5景♥出雲大社

(出雲大社周邊)

いづもおおやしろ（いづもたいしゃ）
出雲大社

此地供奉結緣之神・大國主神是著名的結緣聖地，吸引許多信徒從全國各地前往參拜。60年一次的平成大遷宮從2008年開始動工，經過5年的修繕工程現在神體已經回到正殿中。攝社和末社的修繕也已於2016年3月完工。

☎0853-53-3100 MAP 附錄正面①C1 ♠出雲市大社町杵築東195 ❗正門前巴士站即到勢溜的大鳥居；一畑電車出雲大社前站到勢溜的大鳥居步行5分 ♥免費參拜（彰古館200日圓、祈禱5000日圓起）♥自由參觀（參拜時間6:00～20:00、彰古館入館時間8:30～16:30、十九社前往北側通道6:00～16:30、預約祈禱8:30～16:00）❷385輛（6:00～18:00※有季節性變動）

SCENE
2

@Taichi Abe
art of pottery

ーた い ち あ べ あ ー と お ぶ ぽ た り ー

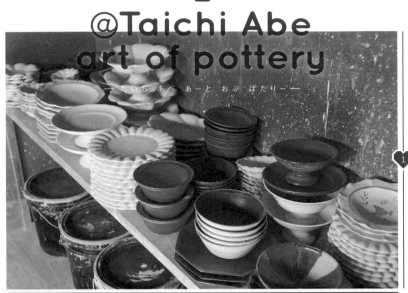

1

2

RECOMMENDED BY

GALLERY記田屋老闆

金築 伸子女士

從小生活在充滿陶器的出雲。現在經營只
有在週末營業的GALLERY記田屋
（→P46），店內以自己最喜歡的器皿為
主。

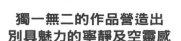

獨一無二的作品營造出
別具魅力的寧靜及空靈感

第一次接觸到安部老師的作品是在一本介紹山陰工藝品的書上，受到老師作品的吸引而去參觀了個展，看到彷彿從中世紀歐洲的畫作中跳脫出來的器皿，對我來說，這些作品是「超越了器皿的存在」。例如白色高腳水果盤，雖然放上檸檬等水果也相當賞心悅目，但即便不放任何東西單單擺設著空盤，也能改變現場的氛圍。每樣作品中都帶有哲學氣息及懷舊感，非常受到藝廊客人的好評，有時候太過搶手想買也買不到。每年定期在米子市舉辦的一連串陶藝個展我都不會錯過，接下來的目標就是擁有一整排的陶瓷娃娃了。

我最愛的出雲・松江5景 ♥ Taichi Abe art of pottery

①
等著被展出的器皿。有時也會在展出中就售罄一空

②
陶房中存放著各種以中世紀歐洲為生的美術書籍

③
在靜謐處待上一整天，獨自與陶器對話的安部太一老師

④
蓋子可拿來當作茶托、也可用來分裝食物，十分方便的蓋碗5吋4500日圓

⑤
大花瓣盤4500日圓，用來盛裝高級巧克力也很可愛

⑥
不管是喝日本茶還是咖啡都很適合。大口徑壺15000日圓

⑦
讓人想點上有機蠟燭的燭台6000日圓

⑧
帶點懷舊與哀愁的陶娃娃讓人愛不釋手

⑨
安部老師表示「自己深受歐洲美術的影響」。讓人心靈感到平靜的花瓶

※以上價格皆為參考

ARTIST

Taichi Abe art of pottery

安部太一老師

師承父親，於2010年獨立。除了民藝方面的鑽研之外，也因為叔叔是畫家，同時受到中世紀歐洲宗教美術的影響。老師的作品既實用又美到讓人想要珍藏擺設起來，因此得到無數好評。

INFORMATION

安部老師為獨立作業不假他人之手，作品數量稀少珍貴，連在山陰當地都極難購買。每年在米子市定期舉辦的陶藝個展於2016年確定開辦。2016年4月於東京、5月於青森、6月於岡山也有個展活動。個展等相關資訊請洽官網（http://taop410.com）。

SCENE 3

@來間屋生姜糖本舖

— くるまやしょうがとうほんぽ —

1

2

RECOMMENDED BY

木綿街道振興會
平井 敦子女士

在木綿街道振興會經營的咖啡廳cafeことん（→P53）的廚房也能看到平井女士的身影。生長於奧出雲，現今致力於推廣木綿街道讓更多人認識。

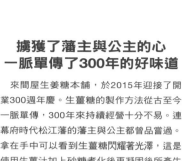

擄獲了藩主與公主的心
一脈單傳了300年的好味道

　　來間屋生薑糖本舖，於2015年迎接了開業300週年慶。生薑糖的製作方法從古至今一脈單傳，300年來持續經營十分不易。連幕府時代松江藩的藩主與公主都曾品嘗過。拿在手中可以看到生薑糖閃耀著光澤，這是使用生薑汁加上砂糖煮化後再凝固後所產生的光澤。松江藩藩主與公主或許是一面欣賞閃耀生輝的生薑糖一面開心享用的。一邊想像一下歷史畫面一邊品嘗，會讓滋味更有深度哦！

GINGER
CANDY

① 有紅糖、白糖兩種生薑糖及抹茶糖，一片各473日圓起。生薑滋味令人印象深刻

② 木綿街道的一角。充滿當地建築風格的店面

③ 有當地風情的木棉製間約門簾，給人清爽的迎賓感受

④ 古早味生薑湯442日圓也深受歡迎。讓人想配著生薑糖一起享用

⑤ 店裡面飄著生薑的香味，牆上還懸掛有當年來自松江藩等的訂單

⑥ 心形糖是總店獨家商品。由第11代老闆來間久先生所開發出的「恋の甘方楽」一袋486日圓

⑦ 店內充滿著開業300年至今的歷史氣息，也可以看到過去使用的骨董器具

⑧ 生薑汁和砂糖攪拌後倒進銅器中，再用炭火煮化。火勢的大小調整等需要相當的技巧

⑨ 也販售一個個純手工切的一口嚐糖三色組合，30個1080日圓等商品

（一畑電車沿線）

くるまやしょうとうほんぽ
來間屋生姜糖本舖

　　正德5年（1715）開業。流傳著「素盞嗚尊傳說」的斐伊川，位於川旁的出西地區生產此地獨有的出西生薑，這家老字號的生薑糖便是只使用這夢幻生薑及砂糖所製作。還有將抹茶取代生薑其餘製法一樣的抹茶糖、10～3月限定的糖漬生薑540日圓等多種選擇。

☎0853-62-2115　MAP附錄正面④D2　🏠出雲市平田町774　🍴一畑電車雲州平田站步行10分　🕘9:00～19:00　🈺不定休　🅿無

SCENE 4

@一畑電車

― いちばたでんしゃ ―

❶

從駕駛座望出去的風景恬靜而又優美

從小就是坐一畑電車長大的。當上列車長之後，不管是途經宍道湖畔時，還是在田園中行進時，都讓我深深地被出雲、松江這恬靜優美的景色所撫慰。從大都市退役下來的列車及無人車站等，雖然是一些懷舊復古的風景，但全都饒富趣味，無論看多久都不會膩。乘坐著電車隨意下站，到處走走看看，一定不會讓您失望！我自己從以前就特別喜歡一畑電車搖搖晃晃的舒適感，接著不知不覺就會開始想睡，但要注意不要睡著錯過美麗的風景哦！（笑）

RECOMMENDED BY

一畑電車 列車長

中尾 結女士

生長於出雲市。先在關西鐵道公司任職後，來到期盼已久的一畑電車就職。2015年7月開始以一畑電車第一位女性列車長活躍於此。

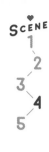

(一畑電車沿線)

いちばたでんしゃ

一畑電車

從出雲市內的電鐵出雲市站、出雲大社前站為起點，一直開到松江市內的松江宍道湖溫泉站的終點。除了有以結緣電車而聞名的「島根貓號」，還提供攜帶腳踏車進車廂的付費服務310日圓。周邊商品可以在出雲大社前站及松江宍道湖溫泉站等地購得。

☎0852-21-2429（松江宍道湖溫泉站）
☎0853-53-2133（出雲大社前站） **MAP** 附錄正面④D2
Ⓥ出雲大社前站～松江宍道湖溫泉站810日圓、一日乘車券1500日圓

1 北松江線園區站周邊。復古懷舊電車奔馳在出雲市的田園間

2 在一畑電車的電車內舉行婚禮時會敲響的鐘，位於大社前站

3 電車行駛進松江市後，就看到宍道湖的風景映入眼簾，不同時間可以看到不同的景色

4 忍不住按下相機快門！位於一畑口站的復古候車亭

5 和當地的小孩們一起從駕駛座往前眺望也很有趣！

6 透過車窗看到的出雲市。出雲平原恬靜悠然的田園風光延綿不斷

7 松江宍道湖溫泉站路段行經宍道湖湖畔，絕美的夕陽景色讓人震撼！

8 出雲大社前站於昭和5年（1930）建造，站內的彩繪玻璃讓人印象深刻

9 復古車票等周邊商品是很受歡迎的旅行紀念品（剪票鉗為非賣品）

SCENE 5

@喫茶きはる

― きっさきはる ―

1

2

RECOMMENDED BY

松江觀光大使「ちどり娘」
渡辺 由佳子女士

松江觀光大使的一員，是由經營、管理松
江市內觀光設施的NPO法人松江Tourism
研究會所指派。以可愛的和服造型在松江
城下為旅客介紹導覽。

JAPANESE
CONFECTIONERY

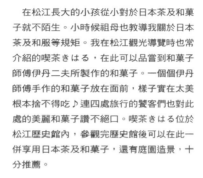

伊丹師傅的和菓子
讓旅行常客也讚不絕口

在松江長大的小孩從小對於日本茶及和菓子就不陌生。小時候祖母也教導我關於日本茶及和服等規矩。我在松江觀光導覽時也常介紹的喫茶きはる，在此可以品嘗到和菓子師傅伊丹二夫所製作的和菓子。一個個伊丹師傅手作的和菓子放在面前，樣子實在太美根本捨不得吃♪連四處旅行的饕客們也對此處的美麗和菓子讚不絕口。喫茶きはる位於松江歷史館內，參觀完歷史館後可以在此一併享用日本茶及和菓子，還有庭園造景，十分推薦。

1 附有乾菓子、上生菓子及抹茶套餐770日圓。也有提供茶道體驗套餐

2 榮獲黃綬褒章、現代名工獎章肯定的伊丹二夫師傅於店內親手製作

3 栗金団310日圓。一入口就充滿著栗子的香味，是一款秋天氣息的人氣和菓子

4 綠結310日圓。淡粉色配上白色做成心形的和菓子，非常可愛。特別受到女性喜歡

5 紅葉310日圓。楓葉造型的秋天限定商品。樹葉部分是利用真的楓葉葉脈塑型

6 湖上の夕日310日圓。宍道湖上的夕陽以水鳥來表現，精細的工藝讓人驚豔

7 わらび餅310日圓。展現絕佳的技巧將非常柔軟的蕨餅塑形成圓形

8 乱菊310日圓。以傳統的菊花為造型，高雅簡約的輪廓非常漂亮

9 全部的座位皆可欣賞到種植著楓樹、黑松、山茶花等的雲州枯山水庭園

（松江城周邊）

きっさきはる
喫茶きはる

位於松江歷史館（→P99）內的茶館。伊丹二夫師傅身為松江和菓子研究者，同時也是一名有60年經驗的和菓子名匠。親自在店內手工製作上生菓子。不使用任何模具，只靠紗布扭緊，再用木製調理拌匙一個個加以塑形，徒手的技巧精湛無比。

☎0852-67-2844　MAP附錄正面③C1　🏠松江市殿町279 松江歷史館內　🚌塩見繩手巴士站即到　🕘9:00～18:30（10～3月～17:00）　❌第3週四（逢假日則翌日休）　🅿44　🅿可利用大手前停車場66輛（收費）

ANOTHER

（繼續看下去）

我最愛的其他

熱愛出雲・松江的5位專家在此分享
更多更深入出雲・松江的玩樂方式

Q1
SPOT

在出雲・松江
最喜歡的
地方是哪裡？

Q2
GOURMET

非吃不可的
美食是？

Q3
HOT NOW

現在最受矚目的
旅遊主題・景點
是什麼？

A1 我推薦位於島根半島西側的日御碕

平時多在大社町附近採買海鮮食材，但也經常造訪日御碕。日御碕神社（→P50）是我很喜歡的景點

之一。朱紅色的美麗神殿營造出與出雲大社不同的氛圍，有其獨特的魅力。在此可以看到廣闊無涯的日本海絕佳景色。

A2 在神門通來一碗善哉紅豆湯

以往在神門通最出名的代表是「出雲蕎麥麵」，不過近年來出現了很多日式甜點店。特別是傳說從出雲大社發源的善哉紅豆湯，在神門通

上可以品嘗到各種特色風味。女生吃到甜食都會幸福感大增！

A3 要不要試試佩戴能量石？

古時候的玉造溫泉附近出產勾玉、玉管等玉石，為「玉」的一大生產地。出雲市的神門通、松江市的市中心、玉造溫泉區等地都有很多販賣能量石的商店。還有造型可愛的飾品等豐富選擇。

A1 可以將宍道湖盡收眼底的本縣最高大樓

本縣最高的山陰合同銀行總行大樓位於宍道湖東側（MAP 附錄正面③C3），頂樓設有免費開放的展望台（🕙10:00～18:00、11～3月為

9:30～17:30）。可以將宍道湖及松江市盡收眼底。透過展望台小窗看到的松江城，仿佛一幅畫。

A2 盡情享受絕美的出雲流庭園及老字號的蕎麥麵

本縣的代表美食就是出雲蕎麥麵。其中歷史最悠久的「献上そば羽根」不僅總店（→P43）值得一訪，位於出雲文化傳承館內的分店（MAP 附錄正面④B3）店內，還可一邊品嘗蕎麥麵一邊從大片窗戶欣賞美麗的庭園和出雲式建築。

A3 一定要造訪博物館！你會愛上出雲這個地方

島根縣立古代歷史博物館（→P36）陳列著各式各樣讓人驚喜不已的展示品。古代出雲大社的復刻模型、荒神谷遺址368把銅劍等，每次看到

都讓人感動。還有神話影片可以觀賞。從出雲大社到博物館的路上也是一條適合散步的好路線。

日の出館 第二代老闆娘
小川 尚美女士

GALLERY記田屋老闆
金築 伸子女士

SCENE♥

出雲・松江風景

與精采景點，說不定能發現
全新的魅力與旅遊方式喔！

A1 譽為山陰地區第一賞楓勝地的鰐淵寺

鰐淵寺（→P64）位於島根半島西側的深山中，是一座流傳著武藏坊弁慶傳說的古寺。
每年11月中左右，從仁王門到本坊的路上會變為楓葉隧道，滿滿的楓葉非常美麗，是我每年必去的賞楓勝地。

A2 不辭辛勞也要造訪的絕品鰻魚料理

我平常工作是在出雲市平田町的木棉街道（→P53），但是因為實在太喜歡吃位於松江市的大はかや（→P89）的鰻魚料理，常常跑到松江市去只為了一飽口福（笑）。
鰻魚的魚肉口感鬆軟，醬汁更是一絕。

A3 各地的神木散發出神秘的力量

出雲・松江地區有很多能量景點，但我個人最喜歡的還是聳立在神社等地的神木。須佐神社（→P51）的杉樹，樹齡已有1300年之久，而八重垣神社（→P90）的夫妻杉也非常雄偉。站在樹下，讓陽光透過樹葉的縫隙灑在身上，會感覺非常療癒。

木綿街道振興會
平井 敦子女士

A1 國引海岸道路的絕美夕陽

我會和朋友一起去「國引海岸道路」（MAP 附錄正面④A4）兜風。從出雲大社附近一直到靠近我家鄉的公路休息站キララ多伎（→P66）的這一段路，綿延的海岸線可以將日本海盡收眼底，不管看幾次都這是覺得這裡的夕陽景色最為壯觀。

A2 在別處吃不到的釜揚蕎麥麵

在出雲・松江地區普遍的代表性美食是蕎麥冷麵，但是最特別的還是加入煮麵水的釜揚蕎麥麵，是此處才有的獨特吃法。美味的蕎麥麵加上健康的煮蕎麥麵湯，簡直就是一舉兩得。在寒冷的季節裡可以讓身體暖和起來。

A3 最適合女生的旅行行程果然還是求姻緣

畢竟是女生嘛（笑），來到出雲・松江旅行可以以求姻緣為主安排行程。不只神社，這邊的美食、販賣的商品、大街小巷中都充滿著結緣吉祥物。我最喜歡的是島根縣立美術館（→P70）中的宍道湖兔子！

一畑電車 列車長
中尾 結女士

A1 身為女生當然要去美肌溫泉啦♡

就是玉造溫泉了（→P94）！富含硫酸鹽的溫泉水可以讓皮膚滑嫩光澤。具有化妝水般的功效，非常適合女生。玉造アートボックス（→P93）裡面有提供浴衣的租借，可以搖身一變為「身著浴衣的溫泉街女子」喔！

A2 一定要試試入口即化味道香濃的招牌可樂餅

出雲蕎麥麵、海鮮料理、松江關東煮等也推薦大家，但是我最推薦的是松江長久以來廣受歡迎的平民美食。其中，ミートショップきたがき（→P88）的牛肉可樂餅吃得到島根和牛的鮮甜滋味和濃郁口感，也很適合邊走邊吃。

A3 最推薦松江城！我也會在觀光服務處哦

被指定為國寶的松江城（→P98）是我的最愛！雖然已經導覽介紹很多次（松江Tourism研究會☎0852-23-5470），但仍有像是心形的石頭、城內的愛心木紋等，很多令人驚喜的發現，連休假時也會想去多看多學習，我就是這麼喜歡松江城！

松江觀光大使「ちどり娘」
渡辺 由佳子女士

從地圖瀏覽出雲・松江

從哪裡玩起好？我的私房旅行

計劃旅行行程前，先來認識一下出雲・松江地區的特色吧！
以JR山陰本線特快車有停靠的出雲市站及松江站為起點來計劃。

 ───── P10,P30

在結緣聖地參拜後，周邊還有豐富的觀光景點可以前往

いづもおおやしろ(いづもたいしゃ)
出雲大社

在供奉大國主神的出雲大社參拜後，可以在表參道神門通（→P40）一帶散步，也可以前往展示貴重出土品的島根縣立古代出雲歷史博物館（→P36）參觀。

出雲大社60年一次的大遷宮也是全民矚目的焦點

一畑電車沿線　松江　境港
日御碕周邊
出雲大社
出雲市站周邊
玉造溫泉周邊
米子
島根縣　廣島縣

 ───── P50,P64

日本最高的燈塔與非常靈驗的神社

ひのみさきしゅうへん
日御碕周邊

位於斷崖上的出雲日御碕燈塔（→P64）是島根半島西側的日御碕的地標。由下之本社「日沈之宮」與上之本社「神之宮」構成的日御碕神社（→P50）也很值得一訪。

出雲日御碕燈塔於2013年被指定為國家登錄有形文化財產

美食、住宿都在這裡可以找到！來出雲觀光的起點

いずもしえきしゅうへん
出雲市站周邊

不管是乘坐JR、或是前往出雲大社、近郊等地出雲市站都非常方便，從機場乘坐巴士即可到達，很適合作為觀光的起點。不管是吃東西還是住宿都很方便的地區。

一定要嘗嘗出雲美食代表菜炸勾芡雞的滋味

 ───── P16,52

隨著"畑電"搖搖晃晃，悠閒地來個沿線之旅

いちばたでんしゃえんせん
一畑電車沿線

一畑電車長久以來受到大家的喜愛而被暱稱為"畑電"，是連接出雲～松江之間的地方電車。推薦大家可以中途下車看看觀光景點，放慢腳步來一趟悠閒的電車之旅。

在出雲市內恬靜田園間奔馳的一畑電車

Check

── P67

以國寶－松江城為主，來趟充
滿歷史韻味的城下町散步

松江 まつえ

在國寶－松江城周邊除了可以享
受歷史漫步的樂趣，還有繁榮的
松江站周邊、以及飯店、日式旅
館林立的松江宍道湖溫泉等地
區，不管是想找美食、住宿還是
景點都有非常豐富的選擇。

1 可以看到宍道湖夕陽美景的島根縣立美術
館（→P70）2 被稱作"千鳥城"的松江
城，2015年被指定為日本國寶 3 擁有絕佳
宍道湖景的飯店及溫泉旅館很受歡迎

本 海

── P90

可以提升戀愛運!?
散步在美人湯的溫泉街

玉造溫泉周邊 たまつくりおんせんしゅうへん

在《出雲國風土記》中被稱為
神之湯的溫泉地，玉湯川沿岸
溫泉旅館林立。從玉作湯神社
（→P92）到松江近郊的八重
垣神社（→P90）的路線也很
適合自駕兜風。

前往以能量景點而聞名的
玉作湯神社

mytrip + more!

來接觸從民藝運動開始
發源的藝術

山陰工藝品巡禮 さんいんくらふとめぐり ── P106

鳥取、倉吉、米子等地因為受
到民藝運動的影響，出產許多
品質極高且富有特色的器皿、
手工藝品，值得一訪。由日本
海景色和沙土所構成的壯麗美
景－鳥取砂丘更是必去景點。

來妖怪世界
散步吧

境港 さかいみなと ── P114

JR境港站前的水木茂之路
上有整整一排共153座的妖
怪青銅像，還有許多各式各
樣的妖怪道具，另外也不要
錯過了充滿豪華食材的海鮮
蓋飯。

須事先了解的基本二三事

我的旅行小指標

要住宿幾天？怎麼移動？該吃什麼？
以下整理出能指引旅行疑難雜症的10個小指標，不妨在安排行程時列入參考喔。

準備出發前…

出雲・松江的逗留時間
最好有2天1夜以上

在出雲前往出雲大社參拜及神門通走逛逛等需要1天，在松江去松江城及城下町散步等大概也是花費1天時間。如果要前往八重垣神社、玉造溫泉等松江近郊，可能就要計劃3天2夜比較適合。

出雲蕎麥麵及海鮮是王道！
和菓子也很豐富

出雲蕎麥麵是其代表美食。有盛裝在朱紅色圓漆器中享用的割子蕎麥麵，及現煮蕎麥麵加上熱騰騰煮麵水的釜揚蕎麥麵兩種選擇。在日本海及宍道湖捕獲的海鮮、出雲的善哉紅豆湯、松江的日本茶與和菓子，都讓人食指大動。

新鮮美味的當季海鮮時間表
●5～7月　飛魚
●5～11月　中卷
●8～隔年5月　紅喉
●11～隔年3月　松葉蟹

農曆10月為神在月
是求姻緣最為靈驗的時候

出雲・松江地區有多處為聖地。除了有800百萬眾神齊聚的神在月（農曆10月），出雲大社等神社會舉行神在祭之外，春季、秋季各地也會舉行不同的祭典儀式。8月的松江水鄉祭會在宍道湖上放煙火，也十分推薦。

主要活動
●4月…松江城「松江城祭典」
●8月…松江水鄉祭
●9月…佐太神社 御座替祭・佐陀神能
●農曆10月…神在祭

自駕兜風也順道到
鳥取縣走走吧

從島根縣・松江開車約30分鐘車程可到的鳥取縣・米子市，有水木茂之路所在的境港、山陰名山・大山的山麓處高原區等觀光景點。鳥取砂丘及倉吉市的距離較遠，建議多預留交通時間。

抵達出雲・松江後…

搭飛機建議選擇出雲機場
從東京也可以選擇寢台列車

位於出雲・松江正中間的出雲機場（出雲緣結機場）交通四通八達，可以在此搭乘巴士前往出雲大社、JR出雲市站、松江站、玉造溫泉等地。鐵路方面可以搭乘從岡山站出發的「特急やくも」，東京出發也可以選擇寢台列車「サンライズ出雲」前往出雲市站。

前往主要景點建議
搭乘巴士等大眾交通工具

出雲市站有巴士可以直接抵達出雲大社入口的勢溜的大鳥居前。也可以搭乘一畑電車於出雲大社前站下車步行即到。松江地區有觀光巡迴巴士「松江Lakeline巴士」在各主要景點都有設站，十分方便。也有販售1日乘車券。

若是計劃前往近郊
租車自駕也是不錯的選擇

出雲・松江地區的觀光景點散布的範圍相當廣泛，像是日御碕周邊的日御碕神社、松江近郊的八重垣神社等地，租車自駕也是一個好選擇。松江～出雲開車走山陰高速公路的話車程大約45分鐘，計劃起旅程會更加容易方便。

早晨參拜可以選擇出雲大社旁
交通方便的溫泉區

交通樞紐的JR出雲市站、松江站周邊有很多商務飯店等住宿選擇。出雲大社旁也有一些旅館。松江市的玉造溫泉、松江宍道湖溫泉等地的溫泉旅館交通也很方便，以觀光來說都是很好的選擇。

出雲大社與國寶松江城是
2大必去景點

出雲地區是結緣的聖地。到出雲大社參拜是不可或缺的行程。參拜後可以在神門通走走逛逛，享用當地美食及購買結緣商品等。松江城於2015年被指定為日本國寶，站在天守閣可以俯瞰市區及宍道湖全景，非常壯觀。

建議在神門通及車站商場內
選購伴手禮

出雲大社的門前町、神門通有許多販賣結緣商品的商家，參拜後可以在這邊選購伴手禮。JR松江站連通的商場裡也有豐富的伴手禮商品可供選擇。多數商店的營業時間及陶窯的參觀時間都只有到傍晚，出發之前建議先確認。

詳細交通資訊請見 P120

Route

不知道該怎麼玩時的好幫手
標準玩樂PLAN

第一次來到出雲・松江旅行，不知道該去哪玩的時候，就照著這個行程走看看吧？
添加上一些自己想去的店跟觀光景點，客製化你的旅行計劃！

Plan

第1天

Start

JR出雲市站
　┃ 巴士22分
1 ▷ 出雲大社
　┃ 步行即到
2 ▷ そば処田中屋
　┃ 步行5分
3 ▷ 一畑電車
　　（出雲大社前站）
　┃ 電車8分、步行7分
4 ▷ 出雲北山窯
　┃ 步行7分、電車14分、
　　一畑電車出雲市站
　┃ 巴士10分、步行5分
5 ▷ RENCONTRE
　┃ 步行5分、巴士10分
JR出雲市站

第2天

JR出雲市站
　┃ 特急約25分、
　　普通約40分
JR松江站
　┃ 巴士20分
6 ▷ 八重垣神社
　┃ 巴士20分
　　JR松江站巴士23分
7 ▷ 海鮮料理屋 さくら川
　┃ 步行10分
8 ▷ 堀川遊覽船
　┃ 步行15分
9 ▷ 喫茶きはる
　┃ 巴士16分
10 ▷ 長岡名產堂
　┃ 巴士8分
JR 松江站

Finish

出雲大社周邊　一畑電車沿線　比宇松沿線　松江近郊　松江城周邊

第1天 **1** 參拜聖地

出雲大社周邊 ━━━ P10

いづもおおやしろ（いづもたいしゃ）
出雲大社

出雲大社供奉結緣之神大國主神。於神殿・八足門等地參拜時，要遵循「二禮、四拍手、一禮」才是正確的程序。神社內的其他小神社每一間都可以參拜。

2 出雲蕎麥麵午餐

出雲大社周邊 ━━━ P43

そばどころたなかや
そば処田中屋

參拜結束後可以在神門通及其周邊走走逛逛。出雲大社周邊都是出雲蕎麥麵的名店。本店的割子蕎麥麵、釜揚蕎麥麵、善哉紅豆湯都很受歡迎。

第2天 **6** 能量景點巡禮

松江近郊 ━━━ P90

やえがきじんじゃ
八重垣神社

鏡池占卜愛情運非常出名的八重垣神社，也與神話中的素盞嗚尊與稻田姬有所淵源。山茶花夫妻樹及夫妻杉樹是夫妻圓滿及良緣的吉祥象徵。

7 海鮮蓋飯午餐

松江城周邊 ━━━ P86

かいせんりょうりや さくらがわ
海鮮料理屋 さくら川

回到JR松江站轉乘巴士到松江城周邊。午餐就選在海鮮批發商所經營的餐廳，享用充滿當季豪華食材的海鮮蓋飯。

Route

3 　沿線散步

(一畑電車沿線) ━━━ **P16,P52**

いちばたでんしゃ
一畑電車

奔馳在恬靜悠然的出雲風光中的"畑電"。乘坐著懷舊電車，中途下車走走看看，來一趟心靈之旅吧！

4 　來陶窯遇見美好的器皿

(一畑電車沿線) ━━━ **P53**

いずもきたやまがま
出雲北山窯

中途下車來到出雲北山窯，是由透過自學精進技藝的的山崎老師所開設，以獨特的"北山藍"釉上色，於傳統民宿的藝廊中展出販售。

5 　晚餐享用法式料理

(出雲市站周邊) ━━━ **P54**

らんこんとれ
RENCONTRE

回到出雲市站附近，晚餐選在當地相當受歡迎的法式料理餐廳。在此可以品嘗到豐富的蔬菜、海鮮、品牌肉品等當地食材以及主廚的精湛廚藝。

標準玩樂PLAN

Finish

JR松江站

8 　周遊護城河

(松江城周邊) ━━━ **P68**

ぐるっとまつえぼりかわめぐり
堀川遊覽船

遊覽護城河的遊覽船共設有3處渡船口。可以根據不同的觀光行程，前往最近的渡船口搭乘。從船上欣賞的國寶，松江城（→P98）別具一番風味。

9 　來一口和菓子吧

(松江城周邊) ━━━ **P18**

きっさきはる
喫茶きはる

松江除了是有名的茶葉產地，和菓子也是日本一流。來到喫茶きはる就可以享用到現代名匠伊丹二夫師傅親手製作的創作和菓子。

10 　嚴選工藝品

(松江城周邊) ━━━ **P80**

ながおかめいさんどう
長岡名產堂

精選了數量豐富的"生活用器皿"的民藝陶器老店，網羅的大多是島根縣內陶窯的作品。不管是想買來自用、送禮還是當作旅行的伴手禮品都可以在此找到。

WELCO

IZU

現在最想一探究竟的

ME TO

MO

出雲観光

Let's start your trip!

結緣最靈驗的 "神在月" 就是要來出雲大社參拜

神明外出的農曆10月被稱為神無月，800萬個神明都來到出雲聚集，因此日本全國只有出雲稱農曆10月為 "神在月"。來出雲參拜就選在這個特別的 "神在月" 吧！

COMMENTED BY 廣瀨由仁子 WRITER

出雲大社周邊

參觀時間約 **60分**

神在月的出雲

全國800萬個神明都聚集到出雲來，開會討論與姻緣相關的大小事，因此將此月份稱為神在月。於稻佐之濱舉行的「迎神儀式」、出雲大社舉行的「神迎祭」等，在出雲各地都會舉辦各式各樣的祭典儀式。

いづもおおやしろ（いづもたいしゃ）
出雲大社

**農曆10月神在月時
眾神明都聚集於此**

供奉「結緣之神」大國主神的出雲大社，是神在月時眾神明前來聚集的聖地。擁有許多歷史悠久的社殿。神在祭期間會舉行結緣大祭等是祈求良緣的最好時機。

☎0853-53-3100 MAP 附錄正面①C1
詳細資訊→P11

1 傳說農曆10月10日要於稻佐之濱接從全國前來聚集的800萬個神明 2 不要錯過了神在月的出雲大社祭典

WHAT'S "KAMIARIZUKI"?

③
由稻佐之濱上岸的眾神明會從永德寺坂下的大燈籠（**MAP**附錄正面①A2）一路沿著這條神迎之道來到出雲大社勢溜的大鳥居前

④
在神迎之道上會看到傳統風俗用來「汲取海水」的竹筒上插著當季的花卉

⑤
眾神明開會討論各樣有關姻緣等大小事的神在月。寄託在籤紙上的願望應該會更加靈驗…

⑥
萬九千神社（**MAP**附錄正面④C3）是神在祭時眾神明的最後一站

一年一度！出雲大社的「神在祭」

神迎神事・神迎祭
（農曆10月10日）
在稻佐之濱舉行焚燒篝火迎接眾神明的神迎神事，為神在祭拉開了序幕。儀式後眾神明及參拜民眾會沿著神迎之道一路前往出雲大社的神樂殿來舉行神迎祭。

結緣大祭
（農曆10月15日・17日）
神在祭的儀式之一，可以事前申請參加。參加者會得到一塊能結良緣的祈福繪馬，作為奉納所用，並能得到神社的結緣祝禱。※欲參加者可在約1個月前於出雲大社的官網申請

神等去出祭
（農曆10月17日・26日）
農曆10月17日舉行的神等去出祭讓眾神明前往出雲各地，並在松江的佐太神社舉行神在祭之後，來到出雲市斐川町的萬九千神社，之後各自回到自己的國度。

於稻佐之濱所舉行的神迎祭典神事

╲ 約60分 ╱
─ 建議參拜路線 ─

從勢溜的大鳥居一直到松之參道這條路線是從古至今最經典的參拜路線，
一定要來走走看！

せいだまりのおおとりい（せいもんとりい） ───── ①
勢溜的大鳥居（正門鳥居）

出雲大社的4座鳥居中的第2座鳥居。建在神門通口的
木造鳥居。通過鳥居前先向神明一鞠躬。

はらえのやしろ ───── ②
祓社

從勢溜的大鳥居一進來就會看到，
供奉著可以淨化身心罪穢的四柱神
合稱祓戶大神。前往神殿前也不要
忘記在此參拜。

まつのさんどう ───── ③
松之參道

穿過祓橋來到松鳥居前，眼前是一
整排的松樹林，裡面也有樹齡約
400年的松樹。為了要保護樹根，
道路中間是禁止通行的。

てみずしゃ ───── ④
手水舍

進入神域「荒垣」前，要用純淨的
水清洗雙手及漱口。在這裡去除身
上的污穢，潔淨身心來參拜神明。

※神社內建築會不定期維修
※此處刊登照片為部分建築維修前照片

神殿
はいでん ──────── ⑥

融合大社造和切妻造特色，於昭和34年（1959）重建的神殿。在此進行參拜的奉納儀式及為參拜民眾的祝禱等。

銅鳥居
どうのとりい ──────── ⑤

「荒垣」正門口的青銅製鳥居，被指定為國家重要文化財產。天正8年（1580）由毛利輝元及其孫子‧綱広所捐贈。

正殿
ごほんでん ──────── ⑦

按照日本最古老的神社建築樣式大社造，於延享元年（1744）所建。平成大遷宮時重新修復了大屋頂及千木。參拜由八足門開始，神明都是面朝西方，因此要沿著瑞垣周圍一路到御神座正面拜禮所參拜。

1 正殿是日本最大的正殿建築，被玉垣環繞在八足門內的樓門裡面
2 一般情況下是在江戶時代所建的八足門拜禮。八足門前有代表宇豆柱出土的圓形象徵

Check!

神樂殿的注連繩

團體參拜的祈禱或是結婚典禮於神樂殿舉行。正面會看到日本第一大的巨大注連繩。把硬幣投向注連繩是相當失禮的，要小心避免。

〔 參拜路線 〕

Start

① 勢溜的大鳥居（正門鳥居）
步行即到
② 祓社
步行3分
③ 松之參道（入口）
步行8分
④ 手水舍
步行即到
⑤ 銅鳥居
步行即到
⑥ 神殿
步行即到
⑦ 正殿

Goal

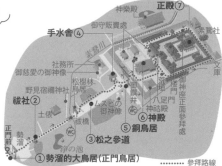

前往出雲大社之前
先來上3堂知識小學堂吧！

在出雲大社供奉的大國主神是什麼樣的神明？
參拜的規矩是什麼？見到神明之前先來稍稍預習一下吧！

LESSON ONE

SYMBOL -為什麼放在這裡？-

出雲大社的3個著名的拍照觀光景點。你知道它們的由
來嗎？事先了解的話，參拜時也會有更深的感觸哦。

しめなわ
注連繩

「大國注連繩」
與一般的注連繩
方向相反，由左
側捻合成繩是其
一大特徵。神樂
殿的注連繩總長
約13.5公尺、寬
約8公尺、重達
4.4噸，為日本
第一大。每5～8年會製做一條新的來替換。由島根縣飯
南町的民眾手工，以名叫茭白的禾本科植物所製作，奉獻
給神社。

製作注連繩體驗

いいなんちょうおおしめなわそうさくかん
飯南町大しめなわ創作館

位於飯南町的創作工
房，可以在此體驗親
手製作注連繩。體驗
注連繩製作880日
圓～（不需事前預
約）。

☎0854-72-1017 MAP 附錄背面⑩B5
🏠飯石郡飯南町花栗54-2 🚃出雲市站車程1小時
Ⓥ自由參觀 🕙10:00～17:00 🈚無休 🅿20輛

おおくにぬしのおおかみ
大國主神

傳說中大國主神是素盞嗚尊
之子，也有素盞嗚尊之六世
孫一說。大國主神將人間（葦
原中國）讓渡給天照大神之
孫管理時，即命人建造了大
宮殿、也就是現在的出雲大
社，爾後便開始掌管人世間
看不見實體的命運和姻緣。在
《古事記》和《日本書紀》中
也記載著許多相關的傳說。

※大國主神在《古事記》一書中
是素盞嗚尊之六世孫，在《日本
書紀》及出雲大社則為素盞嗚尊
之子

うさぎのせきぞう
兔子石像

為了紀念平成大遷宮，在
參拜道路及神社內的各個
角落都新設了可愛的兔子
石像。從松之參道旁一直
到荒垣內的正殿，可以看
到每一隻兔子都有不同的
動作及表情。

LESSON TWO

MANNER -參拜的禮法-

為了能求得好姻緣，參拜的禮法也很重要。為了避免對神明不敬，事前先掌握好重點吧！

■ 手水舍的禮法

參拜前先洗手漱口。以神社準備的勺子舀水，先洗左手，再洗右手。接著將水倒入左手掌心中漱口。記得不要將勺子直接對口。最後將勺子立起使水流下，清洗勺柄。再放置回原來的位置。

■ 參拜的禮法

低頭鞠躬為禮，雙掌合擊為拍手。出雲大社與一般神社不同，是遵循二禮、四拍手、一禮的程序。於每年5月14日舉行一年一度的例祭（勅祭）上，神職人員會以八拍手來表示對於神明無限的讚美，除此之外平常是以四拍手來讚美神明。去到正殿之外的神社也是要遵循二禮、四拍手、一禮的程序來參拜。

■ 求籤的禮法

出雲大社的御守販賣處有販賣此處獨有的參拜紀念品，也可以於此處求籤問運勢。求來的籤一般是放在錢包等處隨身攜帶。若是要留在神社內不帶回去，為了避免神社內的樹枝折損受傷，請將籤綁在專門的地方。

LESSON THREE

POWER SPOT
-來向眾神明請安吧-

除了供俸大國主神的正殿，出雲大社內還有供奉其父素盞嗚尊的素鵞社。另外還有一些像是命主社等的能量景點散布於此。

そがのやしろ
素鵞社

八雲山聳立於出雲大社後方禁地，而供奉素盞嗚尊的素鵞社就位於八雲山山麓處，也就是在正殿的正後方守護著大國主神。是一個擁有強大力量的能量景點。

いのちぬしのやしろ
命主社

供奉神皇產靈尊。有樹齡1000年以上的糙葉樹神木聳立於神社內，整個神社充滿了神聖的氣息。

☎0853-53-2112（出雲觀光協會）　MAP 附錄正面①D1
🏠出雲市大社町杵築東　🚩出雲大社連絡所巴士站步行8分
🕐🕐🕐自由參觀　🅿無

來感受一下古代出雲的浪漫吧！
歡迎來到充滿神話氣息的"歷博"！

不管是神話世界還是古代出雲大社的巨大神殿之謎，想要感受充滿浪漫的出雲歷史就要來這裡。
漫步在洋溢神祕感的庭園裡，或是在全景咖啡廳享受絕佳景色，都非常推薦。

COMMENTED BY 廣瀨由仁子 WRITER

連香樹林步道總長110ｍ，與古代出雲大社巨大神殿的階梯一樣長

(出雲大社周邊)

しまねけんりつこだいいずもれきしはくぶつかん

島根縣立古代出雲歷史博物館

**博物館內收藏了豐富的珍貴歷史文物，
來一窺神祕的古代出雲並了解其歷史吧**

出雲歷史博物館位於出雲大社東側，由世界知名的
建築師槇文彥先生所設計，是一棟充滿綠意的現代
主義建築。館內設有3個常設廳及特別展廳，以豐
富的歷史文物來介紹島根縣的歷史與文化。按照
1/10比例復原的古代出雲大社巨大神殿模型及被
認定為國寶的銅鐸、銅劍等都不容錯過。

參觀時間約
90分

☎0853-53-8600
附錄正面①D2
出雲市大社町杵築東99-4 正門
前巴士站即到 門票610日圓（企劃
展另計）9:00～18:00（11～2月為
～17:00）第3週二※有季節性變動
（有臨時休業）244輛

耐候鋼製的大門口，象徵了從前在
島根蓬勃發展的吹踏鞴製鐵文化

It's an
ancient romance
———

每個神話故事中
都會出現的兔子

1 免費參觀的3樓大廳展望台可以一覽出雲大社周圍的風景 2 有5隻兔子石像座落在「風土記庭園」中 3 博物館的入口處設有名為"幸福郵筒"的懷舊圓形郵筒 4 出雲大社正殿復刻模型等震撼人心的展示也不容錯過 5 園中西側的路上刻有《出雲國風土記》中引神話的一個章節 6 連香樹有著心形樹葉,因此這一條連香樹林也被稱為"愛心之路"

EXHIBITION

中央大廳

從大門口進來第一個映入眼簾的便是位於中央大廳的展示品—2000年在出雲大社院落遺址出土的正殿宇豆柱。當時將3根巨木柱綁成一束,當作頂梁柱來支撐古代出雲大社的巨大神殿建築。

正殿支柱9根中的其中一根,將直徑約為1.35m的杉木3根綁成一束

主題展示廳

古代出雲大社巨大神殿的復原模型、荒神谷遺址出土的青銅器(國寶)與加茂岩倉遺址出土的銅鐸(國寶)等都生動地展示於此處。

1 根據書畫和傳說內容,重現古代出雲大社神殿的1:10復原模型 2 充滿謎團的加茂岩倉遺址出土銅鐸 3 傳說中三國時代魏王贈與卑彌呼的銅鏡之一 4 國寶銅劍的展示區非常壯觀

CAFE

參觀途中休息一下

まる かふぇ
maru cafe

位於博物館2樓的咖啡廳,擁有大片落地窗的全景視野,可以一邊欣賞四季鮮明的自然景觀,一邊享用店內自製的甜點與輕食。使用島根縣產古代米及島根縣產和牛所做的咖哩飯1300日圓~,義大利麵1100日圓~等,還有提供午間套餐。

🕐9:30~17:00(11~2月為~16:30)

6種圖案可選的"歷博"卡布奇諾500日圓也很受歡迎

綜合展示廳

展示包含吹踏鞴製鐵文化、石見銀山、出雲地方獨有的四隅突出型墳丘墓、生產「玉」的出雲玉作文化等，透過這些展示來介紹島根縣人從舊石器時代一直到現代的生活型態。

1 可以在踏鞴製鐵文化中的「天平腳踏風箱模型」親身體驗 2 展示了島根縣內遺址中出土的土器

神話走廊

在神話劇場中以動畫方式介紹，像是素盞嗚尊擊退八岐大蛇等許多以出雲為背景的神話傳說。共有4段影片，片長各20分鐘。

壯觀的展示區和影像，將神話的世界以簡單明瞭的方式介紹

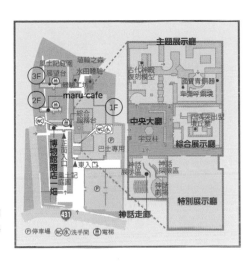

特別展示廳

以古代出雲的歷史文化為主題，舉辦各式各樣的特別企劃。2016年3月25日～5月18日期間將會舉辦特別展『遷宮 傳承之心 傳承之形 增浦行仁「神之宮」』。

SOUVENIR

參觀行程後的伴手禮選購

博物館商店 一畑

1樓的商店有販賣原創吉祥物雲太君和出雲妹的周邊商品，還有靈驗的結緣商品及勾玉周邊商品等，選擇相當豐富。愛好歷史的人也可以在此買到相關書籍及圖鑑1080日圓等。

🕘9:00～17:30(11～2月為～16:30)

水晶結緣兔子1100日圓（左）、原創藝術便籤夾2個432日圓（右）

參拜完出雲大社後
來神門通漫遊散步

參拜完出雲大社後來到正門口的茶館和伴手禮商店，是時至今日都不變的旅行一大樂趣。
來到出雲大社表參道的神門通，一邊散步漫遊一邊找尋結緣商品以及享受美食吧！

COMMENTED BY 廣瀬由仁子 WRITER

しんもんどおり
神門通

是這樣
的地方

出雲大社的表參道上
匯集了眾多獨具特色的商店

從宇迦橋大鳥居到勢溜的大鳥居這一段神門通
是出雲大社的表參道。平成大遷宮時也新開了
一些結緣商品店及出雲美食餐廳。一畑電車出
雲大社前站等懷舊復古的風情也是一大看點。

☎0853-53-2112（出雲觀光協會）　MAP 附錄正面②A3
前往勢溜的大鳥居，可於JR出雲市站搭乘一畑巴士往
日御碕方向21分，電鐵大社站巴士站，或22分的正門前
巴士站即到。一畑電車出雲大社前站即到

←往出雲大社方向

Ⓐ 福乃和

Ⓑ 日本ぜんざい学会壱号店

ふくのわ　Ⓐ
福乃和

販賣豐富的國產野生河豚加工食品。擔負
出雲大社祭典大任的出雲國造家，代代流
傳的「うず煮」河豚料理，只在週末及國
定假日提供，可內用（1080日圓、一日限
定20份）。可愛的河豚燒也很受歡迎。

1 河豚湯汁與豐富食材配上白飯一起享用的「うず煮」河豚料
理，也有提供伴手禮用的真空加熱裝864日圓 2 最適合邊走邊
吃的河豚燒1個130日圓 3 由島根縣大田市的海產店所經營

☎0853-53-8101　MAP 附錄正面②A2
出雲市大社町杵築南837-2　正門前巴士站即到
10:00～17:00（有季節性變動）　休無休　MAP18　利用神
門通廣場停車場89輛

にっぽんぜんざいがっかいいちごうてん
日本ぜんざい学会壱号店

善哉紅豆湯據說是發源自出雲，而
此店是致力推廣善哉的出雲善哉學
會之直營店。使用大顆大納言紅豆
所熬煮的善哉，除了有3種招牌口
味外，還有季節限定的特別菜單。

Ⓑ

☎0853-53-6031
MAP 附錄正面②A2　出雲市大
社町杵築南775-11　正門前巴
士站即到　10:00～17:00
休不定休　MAP14　P4輛

1 放了烤紅白麻糬的緣結びぜんざい600
日圓 2 加有紅白麻糬的ご緣ぜんざい
600日圓 3 出雲ぜんざい中有紅白小湯
圓500日圓 4 從勢溜的大鳥居步行走來
即到，很適合來此處稍作休息

神門通りおもてなしステーション
しんもんどおりおもてなしすてーしょん

推廣出雲觀光資訊的遊客中心。備有100種以上的島根縣觀光手冊。也有推出定時的出雲大社參拜導覽，可供利用。（￥500日圓 ●10時～、13時～、15時～一天3個時段一次90分）

1 第一次來出雲觀光建議先到遊客中心來，這裡也有電腦可供上網查詢 2 以店面混合民宅的空間來改建的遊客中心充滿當地風情，在此可以獲得豐富的觀光資訊

☎0853-53-2298
MAP 附錄正面②B3 ● 出雲市大社町杵築南780-4 ♨正門前巴士站歩行3分 ●9:00～17:00 休無休 P利用神門通廣場停車場89輛

いずも風水漢方 艸楽
いずもふうすいかんぽう そうらく

大正13年（1924）開業至今的當地藥局親自調配的中藥及藥膳專賣店。使用中藥並依據風水、八字命學等調製而成的藥膳茶有20種以上的選擇。店內也有販賣許多結緣生活雜貨。

1 時尚的店內空間。可以向店員諮詢有關中藥方面的建議 2 添加了12種中藥材的ご縁めぐり茶324日圓 3 一列排開的中藥材。依照生日來選購的風水藥膳茶1080日圓也很受歡迎

☎0853-53-2226 MAP 附錄正面②A4
● 出雲市大社町杵築南1370-2 ♨電鐵大社巴士站即到 ●9:00～17:00 休週一、二（逢假日則營業） P可利用神門通廣場停車場89輛

ⓒ 神門通りおもてなしステーション

往宇迦橋大鳥居方向→

Ⓔ いずも縁結び本舗 神門通り北店

Ⓓ いずも風水漢方 艸楽

Ⓕ ブーランジェリー ミケ

いずも縁結び本舗 神門通り北店
いずもえんむすびほんぽ しんもんどおりきたてん Ⓔ

販賣島根縣特產品及結緣商品等300種以上的伴手禮。店內現烤的心形結緣魚板很適合邊走邊吃。

1 含有紅豆泥餡、紅豆粒餡、抹茶餡、粉紅餡4種餡的恋の開運もなか（最中）4個650日圓 2 讓人印象深刻的緣結び魚板500日圓，可於店內休息處享用 3 神門通上還有另一家南店

☎0853-53-2884 MAP 附錄正面②A2
● 出雲市大社町杵築南775-1 ♨正門前巴士站即到 ●10:00～17:00 休無休 P利用神門通廣場停車場89輛

ブーランジェリー ミケ
ぶーらんじぇりー みけ Ⓕ

由具有80年歷史的古民家改建而成，店內販賣現做的天然酵母麵包。以"地產地銷"的精神使用當地產的小麥粉及大山牛油等食材，提供約80種左右的美味麵包。

1 杏仁可頌230日圓、核桃柑橘麵包260日圓、勎斗雲麵包170日圓、可可巧克力210日圓 2 由2013年開業至今深受當地人歡迎

☎0853-31-4288
MAP 附錄正面①C3 ● 出雲市大社町杵築南1342-7 ♨電鐵大社站巴士站即到 ●7:30～18:00（售完即打烊）休週二 P3輛

GOURMET GUIDE

品嘗當地招牌美食蕎麥麵
一定要吃發源自出雲大社的釜揚（熱湯）STYLE

將蕎麥麵和煮麵湯一起倒入碗裡、熱騰騰享用的釜揚蕎麥麵，據傳是由出雲大社
「神在祭」時的攤販所發展出的新吃法。一整碗的熱湯讓身體也暖呼呼！

COMMENTED BY 竹中聰 writer

出雲大社周邊

へいわそばほんてん

平和そば本店

**完美結合麵條風味與滑順口感
細長形的二八麵條很受到當地人的好評**

戰後開業至今，希望世界和平而取的店名。
有著職人氣息的老闆親手製作的二八蕎麥
麵，保有出雲的傳統風味且滑順好入喉。一
碗釜揚蕎麥麵之後再來一盤割子蕎麥冷麵是
招牌吃法。

☎0853-53-3240
MAP附錄正面①B3 🏠出雲市大社
町杵築西2034 🚋一畑電車出雲大
社前站步行15分 🕚11:00～17:00
（售完即打烊） 🛌週四（逢假日則營
業，有補休）🪑30 🅿12輛

SHOP DATA

1 釜揚蕎麥麵750日圓是搭配充分熬出沙丁魚鮮味的醬汁一起享用 2 熱騰騰的釜
揚蕎麥麵可自行添加醬汁到湯裡調整味道，依個人喜好來享用 3 店內設有和式座
位 4 加有香辛料的白蘿蔔泥、山藥泥、炸麵衣3種口味的三色割子蕎麦950日圓

出雲大社周邊

かねや
かねや

於昭和4年（1929）開業，出雲大社御用的老字號。這裡的釜揚蕎麥麵650日圓，是滿滿一碗煮麵湯＋醬汁的大份量。微甜的醬汁與扎實口感的手打蕎麥麵十分搭配。

☎0853-53-2366 MAP 附錄正面①B2
🏠出雲市大社町杵築東四ツ角659
🍴正門前巴士站步行5分
🕘9:30～16:30 休無休 座52 P8輛

1 據說釜揚蕎麥麵搭配微甜的醬汁是由上一代所創 2 親民的店面擁有許多當地回流客

1 店內3年前有翻修過。後面設有和式座位 2 鋪滿海苔及柴魚片的釜揚蕎麥麵720日圓

出雲大社周邊

そばどころたなかや
そば処田中屋

將主要為出雲產的日本國產之帶殼蕎麥以石臼磨成較粗的蕎麥麵粉後，再由師傅每天早上手打成麵。釜揚蕎麥麵可以將扎實的口感充分表現出來。用當地產的濃郁醬油為基底所製成的甜味醬汁也讓人印象深刻。

☎0853-53-2351 MAP 附錄正面②A1
🏠出雲市大社町杵築364
🍴正門前巴士站即到
🕘11:00～16:00（售完即打烊）
休週四（連假日則前後平日不定休）座32
P利用神門通廣場停車場89輛

出雲市站周邊

けんじょうそば はねやほんてん
献上そば 羽根屋本店

以石臼慢磨而成，將國產蕎麥粉的香味完整的保留下來，此處的二八蕎麥麵是連皇室也品嘗過的極品美食。釜揚蕎麥麵700日圓可以享用到使用本枯節頂級柴魚片製成的美味湯底。

☎0853-21-0058 MAP 附錄正面④C3
🏠出雲市今市町本町549 🍴JR出雲市站或一畑電車電鐵出雲市站步行8分 🕘11:00～15:00、17:00～20:00 休無休（只休1月1日）
座80 P10輛

1 充滿出雲獨特風格的傳統釜揚蕎麥麵 2 於江戶時代末期開業至今。設有現代時尚的包廂

"DASHI" CULTURE

　　"島根的味道"中最重要的其實是使用海鮮所熬煮的高湯。「島根的海洋終年都有對馬暖流流入冰冷的海水中，因此四季都有像是飛魚、紅喉等豐富的海產。新鮮的海鮮除了生食、燒烤、燉煮外，充分利用"高湯"當作美食基底才是島根風格。板海帶、散海苔也是餐桌上不可或缺的一味。」UONOYA魚の屋店員山崎惠美告訴我們。以高湯為主角受到島根人民所喜愛的料理，回到家來試做看看吧！

飛魚高湯蕎麥麵

島根縣的每個家庭都一定會出現的招牌高湯就是飛魚了。在當地有「AGO」的愛稱。不管是用來做味噌湯，還是蕎麥麵、烏龍麵、拉麵的高湯都非常適合。

香辛料以辣蘿蔔泥、蔥花及柴魚片來調味

為保留飛魚高湯的原味，香辛料簡單的稍微提味就可以。可以依照個人喜好加入蔥花、柴魚片及辣蘿蔔泥

加上板海帶

煮好蕎麥麵後放上島根招牌名產之一的板海帶。海帶吸取了高湯的美味，加上帶有嚼勁的口感讓人食指大動

飛魚高湯麵汁

胸鰭發達如翼的飛魚一躍出海面，便拉開了夏天的序幕。清甜美味為其特徵，與各種麵類都十分搭配

紅喉高湯
蒟蒻絲茶碗蒸

高級魚類紅喉因為嘴巴附近為黑色，因此在島根被稱為「喉黑」。以紅喉高湯所做的茶碗蒸可以品嘗到紅喉濃郁的滋味。

在出雲會在茶碗蒸中加入蒟蒻絲或冬粉

在茶碗蒸的用料上面很意外地出現了地區差異。島根縣居民除了雞肉、香菇等較一般的食材外，有些家庭也會加入蒟蒻絲或冬粉，充滿豐富口感且非常美味

湯底香郁
口感滑嫩的茶碗蒸

高級魚類紅喉是在水產量豐富的島根才能吃到的奢侈美食。被稱為「白肉鮪魚」的紅喉的鮮甜美味都濃縮於高湯中

加入散海苔的
出雲年糕湯

有名的海苔產地島根縣，曬乾海苔而成的「散海苔」是餐桌上不可欠缺的食材。一整年最活躍的就是過年了，最適合用來煮年節要吃的年糕湯。

在出雲大家都吃
圓年糕

有一些家庭會使用飛魚高湯加上一點點薄鹽醬油稍微提味，再放入未烤過的圓年糕與散海苔下去熬煮，調味單純的年糕湯味道反而更有深度

放入滿滿的散海苔

在盛入年糕湯的碗中放入滿滿的散海苔。高湯的美味與大海的香味相輔相成，可以同時品嘗到豐富口感的一道料理

在這裡
可以買到

SHOP DATA

うおのや
UONOYA 魚の屋

位於神門通上。在島根縣太田市的自家工廠中將精選的食材整理裝袋。板海帶是開業時就十分暢銷的招牌商品

☎0853-53-5658 MAP 附錄正面②B2
🏠出雲市大社町杵築南775-14 🚌正門前巴士站即到
🕙10:00～17:00 ❌不定休 🅿利用神門通廣場停車場89輛

飛魚高湯 1080日圓

使用國產飛魚製作，清爽的味道可以搭配任何料理

紅喉高湯 1080日圓

使用100％島根縣產紅喉製作，十分推薦用於烹煮炊飯

散海苔 648日圓

有豐富風味的國產散海苔，可用於味噌湯、年糕湯與沙拉

展現店長非凡品味
古民家藝廊尋寶趣

出雲地區有一些超過100年歷史的古民家，改建之後作為器皿、布藝、攝影作品等
展示之用，這些古民家藝廊也相當受矚目。在饒富風情的空間中也可以享用咖啡。

COMMENTED BY 廣瀬由仁子 WRITER

1 展示長住在島根縣的藝術
家之作品。約有20位的陶藝
家及15位工藝品師傅之作品
2 白磁工房的針插3000日
圓 3 こうや電気窯的陶器之
家3200日圓與樋野由紀子
的手工杯墊702日圓 4 金築
純子的小信封一個100日圓
5 正房也有許多作品展示 6
綠意盎然的大門口。香草茶
200日圓也很有人氣

（出雲大社周邊）

ぎゃらりー きたや
GALLERY 記田屋

與島根淵源的藝術家來個一期一會

綠意盎然的花園裡，有一間百年歷史改建的藝廊，據
說過去是養蠶業用的正房及倉庫。從前島根縣蓬勃發
展的藍染及古布於正房中展示，倉庫藝廊則放一些島
根縣內的傳統工藝品、民藝品等。另設有咖啡廳，提
供手工甜點300日圓～等。

☎0853-53-2685 MAP 附錄正面④B3
☷出雲市大社町北荒木1685
‼JR出雲市站搭乘一畑巴士大社線（經南原）
19分、南原巴士站步行5分
🕙10:00～17:00 休週一～五、8月、11～3
月 Ｐ6輛

古民家藝廊挖寶趣

1 從藝術家們所創作的藝術作品中可以到日常中可以使用的生活雜貨等，種類廣泛豐富 2 獨特的陶俑藝術2900日圓 3 可愛的十二生肖動物們「十二生肖不倒翁」1個430日圓 4 於咖啡廳供客人使用的咖啡杯3240日圓、盤2700日圓

(出雲大社周邊)

あんとわーくすぎゃらりー
ANTWORKS GALLERY

位於神門通上的百年歷史古民家。擺在店內的陶器、木製工藝品、布藝等都是店長精心挑選的藝術家作品。藝廊裡的咖啡廳使用的器皿杯子皆為藝術家作品，可以一邊享用咖啡一邊感受體驗一下。

☎0853-53-2965 MAP附錄正面①C3
🏠出雲市大社町杵築南1342-8
🚏一畑電車出雲大社前站即到
🕐11:00～18:00 休週三、四 🅿1輛

(出雲大社周邊)

べじかふぇぷらすぎゃらりー まないな
vege cafe+gallery まないな

充滿百年建築風味的咖啡廳兼藝廊。在此可以欣賞到店長於世界各地拍攝的攝影作品，還可以享用當地食材製作的健康素食餐點。

☎0853-53-5560
MAP附錄正面①D1
🏠出雲市大社町杵築東真名井7
🚏正門前巴士站步行10分
🕐9:00～17:00 休週二～四
🅿1輛

1 身為專業攝影師的店長、須田郡司的巨石攝影展 2 充滿風情的店內設有和式座位 3 店內也有販賣店長的攝影集 4 豆腐瑪芬蛋糕324日圓、玄米咖啡432日圓

1 開放感十足的藝廊空間 2 「吉や」的巫女人偶1290日圓 3 おんぼら工房的竹湯匙（大）500日圓等 4 時尚設計感髮圈300日圓 5 位於依舊留有當年港口風情的鷺浦地區

(日御碕周邊)

ぎゃらりーしわくや
ギャラリーしわく屋

由曾經是北前船停靠港而繁榮一時的鷺浦船員宿舍改建而成。除了有販賣當地藝術家的手工雜貨外，還有販賣十分費工的手工元祖出雲善哉400日圓等甜點零食。

☎0853-53-1501 MAP附錄正面④B2 🏠出雲市大社町鷺浦171 🚏出雲大社連絡所巴士站搭乘一畑巴士鷺浦線（1日2班）26分、鷺浦巴士站即到 🕐10:00～16:00 休週一～五（平日來店需洽詢）、12～2月 🅿8輛

拜訪出雲的眾神明
前往聖地，南北走透透

被譽為神話舞台的出雲地區，各處都有神明坐鎮的聖地及能量景點。
從北邊的日御碕到南邊的奧出雲，一起前往靈驗的聖地拜訪吧！

COMMENTED BY 加納ひろみ WRITER

(日御碕周邊)

ひのみさきじんじゃ
日御碕神社

松樹林映襯下更顯豔麗的朱紅色
守護日本夜晚的兩間神社建築

《出雲國風土記》中也有記載的古老神社。相對於伊勢神宮守護日本的白天，日御碕神社則是守護日本的夜晚。上之本社與下之本社是以權現造樣式建造，留有桃山時代的風貌。充滿綠意的松樹林與朱紅色的神社相映，當夕陽垂暮眼前的神社如夢似幻猶如仙境。

☎0853-54-5261 MAP 附錄正面④A2
🏠出雲市大社町日御碕455
🚌JR出雲市站搭乘一畑巴士日御碕線45分、日御碕巴士站步行2分
🕐自由參觀（社務所8:30～16:30）
🅿20輛

1 朱紅色的樓門相當鮮豔。迴廊等皆為國家重要文化財產 2 樓門正面為供奉天照大神的下之本社「日沈之宮」 3 素盞嗚尊坐鎮的上之本社「神之宮」 4 神砂御守500日圓，可於御守販賣處購得

農曆10月神在月（→P30）從全國前來聚集的800萬個神明迎接之處，並舉行迎神儀式。夕陽西下時的風景美不勝收

（ 出雲大社周邊 ）

いなさのはま
稻佐之濱

位於出雲大社西側距離約1公里處，在國引神話中是大國主神讓國的地方。海濱上的屏風岩傳說當時大國主神與建御雷神在此交涉讓國一事。位於海濱上的弁天島現在是供奉豐玉姬。

☎0853-53-2112（出雲觀光協會）　MAP 附錄正面①A1　🏠出雲市大社町杵築北2844-73
🚉正門前巴士站步行15分
🕐🈺自由參觀　🅿20輛

（ 出雲市近郊 ）

すさじんじゃ
須佐神社

供奉須佐之男命（素盞嗚尊）以及在擊退八岐大蛇的神話中出現的其他神明。神社內佇立著曾記載在《出雲國風土記》等書中的杉樹，樹齡推測已有1300年。

☎0853-84-0605　MAP 附錄背面⑩B4
🏠出雲市佐田町須佐730
🚉JR出雲市站搭乘一畑巴士須佐線39分、出雲須佐巴士站下車，轉乘計程車5分
🕐🈺自由參觀（社務所9:00～16:00）　🅿20輛

1 神社象徵的杉神木等，充滿綠意讓神社圍繞著神祕的氛圍
2 正殿於天文23年（1564）以大社造樣式建造，為島根縣重要文化財產

1 傳說須佐之男命（素盞嗚尊）當時在此地吟詠的歌，即為出雲這個地名以及和歌的由來　2 象徵夫妻圓滿及良緣的夫妻岩，摸了能得到好運

（ 雲南市 ）

すがじんじゃ
須我神社

須我神社是須佐之男命（素盞嗚尊）擊退八岐大蛇後，與稻田姬一起居住的「日本初之宮」。對於求子、安胎順產、消災解厄非常靈驗。神社後方的八雲山腰有夫妻岩。

☎0854-43-2906　MAP 附錄背面⑩D3　🏠雲南市大東町須賀260　🚉JR出雲市站搭乘山陰本線20分到宍道站，轉乘木次線23分、出雲大東站下車；一畑巴士大東線松江宍道湖溫泉方向18分、須賀巴士站下車步行3分　🕐🈺自由參觀　🅿30輛

叩隆叩隆地搖晃著…
"畑電" 沿線漫步

不妨坐上奔馳於出雲大社前站、電鐵出雲市站，到松江宍道湖溫泉站之間的「畑電」——一畑電車，
中途下車走走再繼續乘坐吧。懷舊復古的車站和火車都是魅力所在。

COMMENTED BY 廣瀨由仁子 WRITER

"畑電" 在行經大社線遙堪站與高濱站的區段之間，會橫跨過粟津稻生神社的參道

いちばたでんしゃえんせん
一畑電車沿線

懷舊復古的車廂很有人氣
乘坐電車來往出雲～松江

連結出雲大社前站・電鐵出雲市站到松江宍道
湖溫泉站之間的一畑電車，總車程約1小時，
是深受當地人喜愛的代步工具。懷舊復古的車
輛，行駛在波光粼粼的宍道湖畔北岸以及有著
田園風光閑靜優美的松江、出雲地區之間。車
窗外的風景、沿線的觀光景點，到處都是讓人
忍不住按下快門的美好風光。

→一畑電車的路線圖・車資請參閱P121

是這樣的地方

Start

濱山公園北口站

①

しまねわいなりー
島根葡萄酒廠

紅磚瓦屋頂及白牆的南歐風建
築，背後襯有彌山的綠意，是一
間島根葡萄酒的釀造工廠。可以
免費參觀試飲葡萄酒。芳醇的島
根葡萄酒與島根的牛燒烤是絕佳
組合，很受歡迎。

① 使用100%島根縣產葡萄的紅
酒「緣」500ml1080日圓等，販
賣許多工廠自釀葡萄酒。

☎0853-53-5577
MAP 附錄正面④B3 ♠出雲市大
社町菱根264-2 🚃一畑電車濱
山公園北口站步行15分 🕘9:30
～17:00(4～9月為～18:00) 休
無休 🅿350輛

出雲北山窯
いずもきたやまがま

由透過自學精進技藝的山崎老師所開設，以自設的柴燒窯所燒製的陶器並排於工作室內。以名為「北山藍」的原創釉藥上色，彷彿被吸進去般深邃的藍色是其特徵。在這裡一定會遇見喜歡的陶器！

1 以吳須釉藥燒製，充分展現"北山藍"之美的茶壺7560日圓

☎090-1182-8405　**MAP**附錄正面④C3
🏠出雲市矢尾町607　🚶一畑電車高濱站步行7分（出雲大社車程10分）🕐8:00～18:00
休週二、三　Ⓟ6輛

出雲市立木綿街道交流館
いずもしりつもめんかいどうこうりゅうかん

作為平田木棉市場而繁盛一時的出雲市平田町「木棉街道」，如今保留了懷舊復古的風貌。推廣當地歷史文化的遊客中心是以江戶時代的醫生公館改建而成，另設有食堂可以在此小歇。

格紋白牆倉令人印象深刻的本石橋宅邸，也開放參觀裏廳

☎0853-62-2631　**MAP**附錄正面④D2　🏠出雲市平田町841　🚶一畑電車雲州平田站步行10分　Ⓥ自由參觀（元石橋邸門票200日圓）🕐9:00～17:00
休週二(逢假日則翌日)　Ⓟ3輛

The Izumo Museum of Quilt Art
いずもきるとびじゅつかん

美術館展場已有200年以上的歷史，是日本唯一的拼布美術館。以拼布作家八幡垣睦子的作品為主，將建築物、花藝與藝術品結合的展覽方式。

☎0853-72-7146　**MAP**附錄正面④D3
🏠出雲市斐川町福富330　🚶一畑電車雲州平田站車程15分
Ⓥ門票700日圓　🕐10:00～17:00　休週三、第3週日
Ⓟ15輛

展示拼布作家八幡垣老師的奇幻作品

Goal

雲州平田站

cafeことん
かふぇことん

木棉街道上的古民家咖啡廳。溫暖的木桌配上川邊的景色，營造出讓人放鬆的空間。在此可以品嘗到使用當地食材所做的料理及甜點。

1 面對船及川邊的靠窗座位可以欣賞到懷舊復古的街景 2 平田町鹽的蜂蠶醫果吐司650日圓很有人氣

☎0853-27-9424　**MAP**附錄正面④D2
🏠出雲市平田町814　🚶一畑電車雲州平田站步行10分
🕐10:00～16:00LO(午餐為11:00～14:00)
休週四　Ⓟ2輛

GOURMET GUIDE

發揮當地食材的魅力
現在最想吃的就是出雲法國料理

從日本海與宍道湖的海產、蔬菜、水果到品牌肉品，出雲地區是食材的寶庫。
將食材本身的美味徹底發揮，同時充滿豐富創作力的法國料理，讓人不辭千里也要前往品嘗。

COMMENTED BY 廣瀨由仁子 WRITER

(出雲市站周邊)

らんこんとれ
RENCONTRE

發揮主廚與甜點師傅的豐富創造力
使人身心愉悅的當今熱門"出雲法國料理"

主廚師承神戶「Alain CHAPEL」法國料理餐廳，因
熱愛出雲的豐富食材，與身為甜點師傅的夫人來到
出雲於1998年開業。使用當地蔬菜、島根和牛、近
海海產等食材，發揮主廚特有的創造力與技巧，製
作華麗繽紛的法國料理。晚餐3800日
圓～、午餐2000日圓～即可享用。

SHOP DATA

☎0853-24-2477 MAP 附錄正面④C3
🏠出雲市湖山町163 ❗️JR出雲市站搭乘一
畑巴士市內循環線10分、湖山町巴士站步行
5分 🕐12:00～13:30LO、18:00～
20:00LO 🈺週日、第3週一 🈂25 🅿8輛

1 以有機蔬菜裝飾的
島根和牛烤肉與當季
水果果凍等 2 除了
一般座位，店內後方
也設有包廂。中午晚
上皆需提前預約 3
深藍色的桌布襯托出
Richard Ginori的瓷
器之美

（ 一畑電車沿線 ）

ふらんすりょうりらるかんしぇる
法國料理L'ARC-EN-CIEL

法國料理傳統技法結合"地產地銷"的精神。奧出雲和牛、大社漁港的鮮魚、當地現採的蔬菜等堅持使用當地食材，將食材的美味完整發揮出來。午餐2700日圓～、晚餐5400日圓～（以提前預約者優先）。主廚與其夫人的熱情款待也是受歡迎的原因之一。

☎0853-63-8117 MAP附錄正面④D2
🏠出雲市平田町2560-1 🚉一畑電車雲州平田站步行15分 🕐12:00～13:30LO、18:00～20:00LO
😴週一 🪑24 🅿12輛

1 掛有畫作裝飾的店內空間 2 販售自製果醬540日圓 3 美味套餐7020日圓，提供奧出雲和牛頰肉清湯、嫩煎魴魚等料理 4 也有許多從外縣市來的常客

（ 一畑電車沿線 ）

びすとろヴるーて
Bistro Veloute

開業至今35年，是出雲地區法國料理的開拓先鋒。從和牛、蔬菜一直到米飯，全部使用島根縣產的食材製作，全手工的法國料理帶著溫醇美味。花費1個月以上燉煮的法式多蜜醬是從開業至今不變的美味。午餐1295日圓起、套餐5000日圓～，需預約。

☎0853-23-3598 MAP附錄正面④C3
🏠出雲市高岡町595-1 🚉一畑電車高濱站步行10分 🕐11:30～14:00LO、18:00～21:00LO
😴週三（逢假日則翌日） 🪑30 🅿20輛

1 島根黑毛和牛牛排與煙燻紅喉等前菜 2 以紅酒燉煮多伎町產的無花果製作甜點 3 挑高式屋頂讓店內空間充滿開闊感 4 南歐風格的外觀

每天都想用
出西窯的民藝工藝品

實用又美觀，致力追求擁有「用之美」的器皿，出雲地區的代表陶窯「出西窯」。
出自於出雲的泥土及出雲人之手，似乎能找到獨一無二、充滿溫潤質感的作品呢！

COMMENTED BY 廣瀨由仁子 WRITER

由明治初期的日式建築改建的「無自性館」展示販售館販賣各式各樣的作品

―――――――（出雲市近郊）

しゅっさいがま
出西窯

承襲民藝運動的精神
追求「用之美」的出雲器皿

由5位青年於昭和22年（1947）開設，受到
柳宗悅、河井寬次郎等民藝運動家精神薰
陶。使用出西冰室的泥土及釉藥原料，製作
實用性高的手工器皿，每個作品都追求著
「用之美」的精神。工作室的展示販售館
「無自性館」中，販賣數千種大大小小多樣
化的和洋食器與杯子。還有製陶體驗可以自
由參加。

參觀時間約
1 小時

☎0853-72-0239
MAP 附錄正面④C3
🏠 出雲市斐川町出西
3368 🚌JR出雲市站車
程10分 ●9:30～18:00
休週二（逢假日則營業）
Ｐ40輛

可以參觀燒成用的
登窯內部

深邃藍色被稱之為
「出西藍」的作品

"BEAUTY OF USAGE?"

❶ 咖啡杯 · 盤

2916 日圓

經義大利陶藝家Bernard Leach
指點，端正的杯盤形狀是其特
點。充分表現出Bernard Leach
的那一句名言「嘴唇對上杯緣有
沒有喜悅感油然而生？」

❸ 圓形深碗 7 吋

4320 日圓～

像是球體對切的簡單造
型，是考量到使用手感而
嘗試過各種手法後，最後
定案的設計。另外也有內
外側以不同釉料上色的款
式

**❷ 緣鐵砂吳須釉皿
7 吋**

3240 日圓

以柳宗理老師的作法，在素燒的
器皿邊緣上黑釉及白釉，再上以
吳須釉製成的鐵砂色，是出西窯
的代表作品之一。獲得第10屆
日本陶藝展優秀作品獎

FACTORY

參觀製陶過程

出西窯並非由藝術家，而是由多位職人共同作業製作陶器。
不妨前往工作室感受他們創造的熱情。

轆轤成型

經由陶藝師傅的手和技巧，陶土
能隨心所欲的變化。堅持實用性
及造型美觀的設計

上蠟

未上以釉藥前先上蠟加以保護。
由陶藝師傅拿筆一層一層仔細
地上蠟

上釉

於器皿表面上釉藥。透過這個步
驟器皿的外觀會與之前截然不
同。為避免出現色彩不均，上釉
需要非常熟練的技巧

登窯

將器皿燒成的登窯設於工作室
內。沿著斜面建造，有6間燒成
室相連

以地產地銷的精神釀造
來奧出雲酒莊品嘗當地葡萄酒

歡迎來到充滿綠意的神話舞台奧出雲山間。「ワイナリー奧出雲葡萄園」精心栽培，
將自然的恩惠製成葡萄酒。用生長在豐沛土壤的美味紅酒來乾杯吧！

COMMENTED BY　竹中聰　WRITER

位於酒莊內的廣闊農園正在培植歐洲品種葡萄

(雲南市)

わいなりーおくいずもぶどうえん
ワイナリー奧出雲葡萄園

以奧出雲栽培的葡萄釀造
發揮地產地銷精神的酒莊

以自家農園栽培的莎當妮
（Chardonnay）、小公子（Shokoshi）、
梅洛（Merlot）等約15種以上的葡萄加以釀
造製成。酒莊內可以試飲葡萄酒，很適合在
此選購伴手禮。除了可以前往參觀的地下酒
窖，並設有以地產地銷為概念的餐廳。另會
不定期舉辦莎當妮收成祭或小型現場表演等
活動。

參觀時間約
30分

☎0854-42-3480
MAP 附錄背面⑩C3　🏠雲南市木次町寺領
2273-1　🚶JR出雲市站搭乘山陰本線20
分，到宍道站轉乘木次線34分、JR木次
站車程10分　🕐10:00～17:00（餐廳為
11:30～14:30）　🚫週二（逢假日則翌日）
🅿20輛

商店內有販賣葡萄酒及週邊商品。
可於吧檯試飲葡萄酒。開車請勿飲
酒

WHAT'S "OKUIZUMO WINE?"

奧出雲葡萄酒 白
750ml／1890日圓
該酒莊的旗艦代表口味。帶有新鮮口感的辛辣白酒

奧出雲葡萄酒 紅
750ml／1890日圓
以Black Pegase葡萄為主的辛辣口感紅酒。帶有溫和的澀味與酸味，可以品嘗到山葡萄的美味

莎當妮2014
750ml／3240日圓
特定年份2014年的莎當妮。經過7個月的熟成，完美融合了楊梨、白桃及木桶香氣的一款酒。

釀造葡萄酒的地下酒窖裡約有50樽酒。木桶裡的紅酒等著熟成後裝瓶

GOURMET

來餐廳品嘗奧出雲的美味

酒莊1樓的餐廳，使用當地食材製成的料理與該園的葡萄酒非常搭配，
不妨親自來品嘗看看。

來享用午餐品嘗一下當地食材與當地葡萄酒的絕妙搭配

餐廳內的大片落地窗，可以一邊欣賞奧出雲的自然之美一邊享用美食

只有在午餐時間營業的1樓餐廳，以地產地銷為概念，使用奧出雲產和牛、奧出雲產蕈菇、當季蔬菜等製作原創料理。（價錢、預約相關資訊需洽詢）來享用出自於出雲文化的慢酒（Slowine）與美食的絕佳組合吧！

STANDARD SPOT CATALOG

蔵之美術館手錢紀念館
くらのびじゅつかんてせんきねんかん
👆観光

江戶時代初期到明治維新時期一直住在大社町經營酒行的手錢家，收集了充滿出雲淵源的美術工藝品，並在此展示。將江戶末期建造的米倉、酒庫改建成展示廳。松江藩御用窯的樂山燒、布志名燒等名品也有展出。

☎0853-53-2000 MAP 附錄正面①B2 🏠出雲市大社町杵築西2450-1 🚌JR出雲市站搭乘一畑巴士日御碕方向25分、出雲大社連絡所巴士站步行8分 🎫門票600日圓 🕘9:00～16:30 ❌週二(逢假日則翌日) 🅿30輛

1 展示中的美術工藝品達數百種以上

吉兆館
きっちょうかん
👆観光

位於出雲大社第一的「宇迦橋大鳥居」旁道之驛站有緣廣場中。展示著每年1月3日舉行的傳統活動「吉兆神事」相關資料，以及介紹神事儀式中所使用的吉兆旗等及許多出雲的傳統工藝品。

☎0853-53-5858 MAP 附錄正面①C4 🏠出雲市大社町修理免735-5 🚌吉兆館前巴士站即到 🎫自由參觀 🕘9:00～17:00 ❌無休 🅿119輛

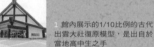

1 館內展示的1/10比例的古代出雲大社復原模型，是出自於當地高中生之手

出雲阿國之墓
いずもおくにのはか
👆観光

江戶初期在京都表演歌舞，為歌舞伎始祖的出雲阿國之墓。至今仍有很多演藝人員及歌舞伎迷前來掃墓。附近還有出雲阿國的木雕、以及其曾住過的草庵阿國寺「連歌庵」。

☎0853-53-2112(出雲観光協會) MAP 附錄正面①B2 🏠出雲市大社町杵築北 🚌JR出雲市站搭乘一畑巴士日御碕方向25分、出雲大社連絡所巴士站步行5分 🕘❌自由參觀 🅿6輛

1 位於出雲大社往稻佐之濱方向的路上，是一座石頭做的墓碑。左邊照片中是阿國寺「連歌庵」

本格手打蕎麦出雲砂屋 -SUNAYA-
ほんかくてうちそばいずもすなや
🍴用餐

位於勢溜的大鳥居前神門通路口。可以在咖啡廳氣氛般的店內，享用手打的出雲蕎麥麵。在出雲很難吃得到的粗磨十割蕎麥麵，每日數量有限，十分推薦。

☎0853-27-9006 MAP 附錄正面②B1 🏠出雲市大社町杵築南772出雲杵築屋2F 🚌正門前巴士站即到 🕘11:00～16:00LO(售完即打烊) ❌週二、第3週一 🪑20 🅿利用神門通廣場停車場89輛

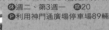

1 三色割子(十割)1100日圓，三碗朱紅圓漆盤的蕎麥麵附上甜點蕎麥糕。店內也有提供豐富的島根縣產酒類選擇

STANDARD
SPOT
CATALOG

1 純日式的木造建築，於2004年被指定為國家重要文化財產 2 舊式建築風格挑高的天花板，讓站內空間更加開闊 3 月台及鐵軌都被保留下來，使人憶起往日風情 4 D51型774號火車於月台展示中

造訪醒目的傳統日式車站
體驗充滿復古感的大正浪漫氛圍

保留著於明治45年（1912）通車、直至1990年停駛時的舊國鐵大社線之車站建築原貌。日式風格的車站中最具代表的木造平房建築及充滿大正浪漫的氛圍是其魅力所在。

大社站舊址
きゅうたいしゃえき

👆 觀光

☎0853-53-2112（出雲觀光協會）
MAP 附錄正面①D4 ♠出雲市大社町北荒木
🍴旧JR大社站巴士站即到、一畑電車出雲大社前站步行15分 ♥自由參觀 🕘9:00～17:00
❌無休 🅿150輛

出雲大社周邊

Izumo
Taisha
Syuhen

大社門前 いづも屋

たいしゃもんぜんいづもや

☕ 咖啡廳

代表美食出雲善哉紅豆湯540日圓，使用奧出雲・仁多產糯米製麻糬。6種口味的門前糰子125日圓～，使用當地產醬油、味噌、南高梅等精選食材，提供豐富甜點選擇。

☎0853-53-3890　MAP 附錄正面②B2
🏠出雲市大社町杵築南775-5　🚏正門前巴士站即到　🕙10:00～17:00(有季節性變動)　休週二(逢假日則營業，有平日補休)　席22　P3輛

1 善哉紅豆湯中放了2個口感豐富的麻糬。店內也有販售結緣商品

神門通りカフェ Pomme Vert

しんもんどおりカフェ

☕ 咖啡廳

由老旅館改建而成。西餐廳出身的主廚用心製作的蛋包飯和漢堡排等料理很受歡迎。加入小倉紅豆餡和求肥生奶油，再以米粉烘培的海綿蛋糕捲起而成的善哉瑞士卷460日圓也十分推薦。

☎0853-53-6330　MAP 附錄正面②A2
🏠出雲市大社町杵築南835-5　🚏正門前巴士站下車即到　🕙10:30～18:00　休週三(逢假日則營業)　P利用神門通廣場停車場89輛

1 善哉瑞士捲有著高雅的甜味與入口即化的綿密口感。蛋糕套餐800日圓

cafe まるこ

かふぇまるこ

☕ 咖啡廳

法式烘餅與咖啡專賣店。島根縣產蕎麥粉做的法式烘餅口味豐富，可當主食也可當作甜點。店內的咖啡是將印度及東帝汶產的咖啡豆以熱風式烘培製成，與法式烘餅十分搭配。

☎0853-53-0510　MAP 附錄正面②B3
🏠出雲市大社町杵築南780-9　🚏正門前巴士站下車即到　🕙10:00～17:00(週六日、假日為9:00～、8・9月為～18:00)　休週一(逢假日則翌日)　席30　P利用神門通廣場停車場89輛

1 善哉甜點法式烘餅850日圓與自製烘培咖啡450日圓。店內也有舉辦手工藝講座

くつろぎ和かふぇ 甘右衛門

くつろぎわかふぇあまえもん

☕ 咖啡廳

復古摩登的咖啡廳，可以在此品嘗到如同店名所示豐富的甜點。招牌菜，愛守大福善哉紅豆湯680日圓中有包著香草冰淇淋的紅白麻糬，以及印着勾玉圖案的最中在裡面。有緣聖代980日圓中放了15種不同的餡料，也相當受喜愛甜食的顧客歡迎。

☎0853-25-8120　MAP 附錄正面②A1
🏠出雲市大社町杵築南839-1　🚏正門前巴士站下車即到　🕙10:00～17:30LO　休無休　席45　P利用神門通廣場停車場89輛

1 店內提供增加結緣力的愛守大福善哉紅豆湯等豐富的最中日式甜點

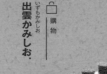

出雲縁結びの国えすこ
いずも えんむすびのくに えすこ

🛍 購物

從工藝品到零食，販賣出雲地區的精選伴手禮。「えすこ」是出雲方言"很方便"的意思，蒐集了許多帶有出雲風格的商品，並為生活增添許多樂趣。可以在2F體驗自製配件1500日圓～。

☎0853-31-4035 MAP 附錄正面②A1
🏠出雲市大社町杵築南841 🚌正門前巴士站下車即到 🕘9:00～17:00(有季節性變動) 🈲無休 🅿利用神門通廣場停車場89輛

1 可愛圖案的出雲結緣抹布486日圓是與奈良中川政七商店的聯名商品

出雲かみしお・
いずもかみしお

🛍 購物

販售裝有「神迎之鹽」的御守及小裝飾品等。「神迎之鹽」是以神在月（→P30）800萬神明上陸的稻佐之濱（→P51）的海水所製成。將海水以專用鍋熬出鹽的結晶，眾神明的力量蘊含其中。

☎0853-53-4140 MAP 附錄正面②A2
🏠出雲市大社町杵築南838-6 🚌正門前巴士站下車即到 🕘10:00～17:00 🈲無休 🅿利用神門通廣場停車場89輛

1 裝於軟木瓶中高約4cm的"神鹽"御守1個1404日圓，共有8種。另有添加天然石

ご縁横丁
ごえんよこちょう

🛍 購物

從美食到伴手禮選購
鳥居前的9間特色商店

鄰近的大鳥居旁的商場中，有美食餐廳及伴手禮商店等9間特色商店。想要購買獨特伴手禮可以到「神在之里本舖」選購「惡搞古事記系列」商品。「えんむすびや」的外帶飯糰也很適合當早午餐。

1 島根和牛沙朗牛排飯糰630日圓與鮮蜆湯500日圓 2「惡搞古事記系列」T-Shirt3200日圓、迷你托特包1000日圓

☎0853-31-4586 MAP 附錄正面②A1
🏠出雲市大社町杵築南840-1 🚌正門前巴士站即到 🕘9:00～18:00(12～2月為～17:00) 🈲不定休 🅿利用神門通廣場停車場89輛

日御碕周邊・出雲市近郊

Hinomisaki
Syuhen
Izumoshi
Kougai

出雲日御碕灯台

いずものひのみさきとうだい

觀光

日御碕周邊

佇立在日御碕尖端的白色燈塔，獲選「世界100座最美燈塔」。內部是163階的螺旋樓梯，於燈塔頂端的展望台可以欣賞到日本海及島根半島的絕佳美景。並設有資料展示廳。

☎0853-54-5341　MAP 附錄正面④A2
🏠出雲市大社町日御碕1478　🚌JR出雲市站搭乘一畑巴士日御碕線45分，日御碕巴士站下車步行12分　💴門票200日圓　🕘9:00～16:30　🈺12月30日、31日　🅿240輛

1 於明治36年（1903）建造而成，高43.65m。被指定為國家登錄有形文化財產

荒神谷博物館

こうじんだにはくぶつかん

觀光

出雲市近郊

位於荒神谷遺址旁。荒神谷遺址出土銅劍358把、銅鐸6個、銅矛16把，對考古學會有著很大的影響。館內可以欣賞當時發掘的紀錄片，並展示神秘的遺址相關資料。

☎0853-72-9044　MAP 附錄正面④D3　🏠出雲市斐川町神庭873-8　🚌JR出雲市站搭乘山陰本線米子方向12分，JR莊原站車程5分　💴門票205日圓（展示廳）　🕘9:00～17:30（最後入場時間～16:30）　🈺過年期間（展示廳週二）　🅿190輛

1 將遺址發掘的過程以說明板來介紹。博物館周邊為公園，並設有豎穴式住居模型

一畑藥師（一畑寺）

いちばたやくし（いちばたじ）

觀光

出雲市近郊

以「眼之藥師」聞名，在當地擁有眾多信徒。約有1200階的石梯頂端是視野良好的寺內與本堂，每年也會在此舉辦馬拉松大會。八萬四千佛堂中供奉的84000尊佛像也很值得一看。

☎0853-67-0111　MAP 附錄正面④E1
🏠出雲市小境町803　🚌一畑電車一畑口站搭乘平田生活巴士一畑藥師線12分、一畑藥師巴士站下車即到　💴🈺自由參觀　🅿30輛

1 本堂周邊可以欣賞到宍道湖及大山的美景。以御靈水泡製的能量茶500日圓，裝在可愛的茶壺中

鰐淵寺

がくえんじ

觀光

出雲市近郊

傳說於推古2年（594）建造的勅願寺，並有武藏坊辨慶曾在此修行一說。雖位於深山中但因楓葉美景而為人所知。浮浪瀑布岩窟前的藏王堂充滿著神秘的氛圍，也是其寺名的由來。

☎0853-66-0250　MAP 附錄正面④C2
🏠出雲市別所町148　🚌一畑電車雲州平田站搭乘平田生活巴士鰐淵線25分、鰐淵寺停車場巴士站步行15分　💴入山500日圓　🕘8:00～17:00（入山申請～16:30）　🈺無休　🅿60輛

1 山陰首屈一指的賞楓勝地，11月中旬開始為賞楓季。美麗的楓葉讓古寺增加了豐富的色彩

AREA

日御碕
周邊・
出雲市
近郊

Hinomisaki
Syuhen
Izumoshi
Kougai

花房
はなふさ
日御碕周邊 用餐

出雲日御碕燈塔附近的伴手禮商店兼餐廳。於店內現烤的烤魷魚350日圓香味十足。提供新鮮的當季魚4種與海藻的日本海蓋飯1000日圓（有海膽1800日圓）等餐點。有5種海鮮的「みさき丼」是該店招牌料理。

☎0853-54-5126 MAP附錄正面④A2
🏠出雲市大社町日御碕1481-1 🚏JR出雲市站搭乘一畑巴士日御方向45分、日御碕巴士站步行5分 ⏰10:00～16:00(伴手禮8:00～17:00) 休週三 座40 P20輛

1 充滿新鮮海產的日本海蓋飯分量十足

珈啡店 蒼
こーひーてん あお
出雲市近郊 咖啡廳

店內可以欣賞到獲選「日本夕陽100選」的海岸線。窗邊的座位是欣賞海景的特等席。使用松江市「松浦咖啡」的咖啡豆，用心沖泡的咖啡有約20種口味500日圓～。可以在此悠哉地放鬆休息一邊享用美味咖啡。

☎0853-86-3905 MAP附錄背面⑩A3 🏠出雲市多伎町多岐461-1 🚏JR出雲市站搭乘山陰本線濱田方向20分、JR小田站步行10分 ⏰10:00～19:00 休週四 座17 P15輛

1 麻辣豬肉蓋飯850日圓很受歡迎。在特定季節和時間，還可以從窗外看到野生海豚

cafe naka 蔵
かふぇ なかくら
出雲市近郊 咖啡廳

早餐的主角是現採蔬菜
播放爵士樂的成熟大人風咖啡廳

由100年以上歷史的米倉改建而成，有爵士樂及咖啡雙重享受的大人風咖啡廳。燈具、沙發及木柴暖爐等，每個細節都是用精挑細選的精品家具，營造出舒適的店內空間。人氣早餐的主角是當地現採蔬菜，搭配自製的芝麻調味料享用。

☎0853-31-5880 MAP附錄正面④C3
🏠出雲市今市町中町689 🚏JR出雲市站步行5分 ⏰9:00～18:00 休週三 座28 P5輛

1 現烤三明治早餐350日圓。有機蔬菜沙拉清脆香甜讓人驚豔！ 2 店內的桌子等配置十分鬆散，寬敞舒適的店內空間讓人放鬆

STANDARD SPOT CATALOG

出雲市近郊

Izumoshi
Kougai

道の駅 キララ多伎

みちのえき きららたき

出雲市近郊

購物

面朝獲選為「日本夕陽100選」的Kirara Beach，是十分著名的「可欣賞夕陽的公路休息站」。館內有販賣豐富的當地伴手禮及美食。多伎町特產無花果及豐富海鮮餡料的海鮮章魚燒420日圓是其招牌商品。

☎0853-86-9080 📠附錄背面⑩A3 🏠出雲市多伎町多岐135-1 🚏JR出雲站搭乘山陰本線濱田方向20分、JR小田站步行10分 🕐9:00～18:30(美食廣場為～18:00) 🈺無休 🅿170輛

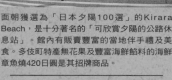

1 彷彿童話故事中的城堡般的外觀，後面是美麗的海灘

立久恵燒

たちくえやき

出雲市近郊

購物

多次於美術展獲獎的糸賀正和老師開設的工作室，位於被稱為「山陰耶馬溪」的絕美景點·立久惠峽附近。以青瓷·白瓷等瓷器為中心，簡約高雅的風格吸引不少外地的愛好者。

☎0853-45-0563 📠附錄背面⑩B3 🏠出雲市乙立町1151-1 🚏JR出雲站搭乘一畑巴士出雲佐方向31分、乙立巴士站步行10分 🕐9:00～18:00 🈺無休 🅿無(周邊可停車)

1 白瓷對杯5000日圓，充分表現出白瓷的優雅。藝廊陳列展示許多糸賀老師的作品

RYUNOSU furniture

りゅうのすふぁにちゃー

出雲市近郊

購物

販賣原創家具及國內外精選家具、生活雜貨。橡木與胡桃木製的原創廚房用品，不論是手感或是設計都非常出色。砧板、杯墊、隔熱墊等，讓飯廳增添許多溫暖。

☎0853-62-1922 📠附錄正面④D2 🏠出雲市平田町2573-1 🚏一畑電車雲州平田站步行20分 🕐13:00～18:00(週六日、假日為11:00～) 🈺週三 🅿6輛

1 胡桃木砧板3780日圓、杯墊800日圓等

牧場のパン屋さん カウベル

ぼくじょうのぱんやさん かうべる

出雲市近郊

購物

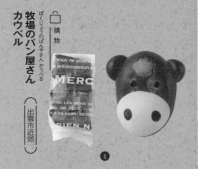

由伊藤牧場直營的烘培坊。伊藤牧場在資源豐富的大自然中飼育乳牛，因此在烘培麵包時以鮮奶替代水，在當地佐田町產米粉中加入鮮奶，烘培出鬆軟富口感的香醇麵包。另設有充滿綠意、令人身心舒暢的咖啡廳。

☎0853-84-1007 📠附錄背面⑩B4 🏠出雲市佐田町反边727-1 🚏出雲市站車程35分 🕐9:00～17:00 🈺週二 🅿10輛

1 法式吐司、煉乳奶油小牛麵包各170日圓。推薦到咖啡廳享用伊藤牧場的CowBell鮮奶200日圓

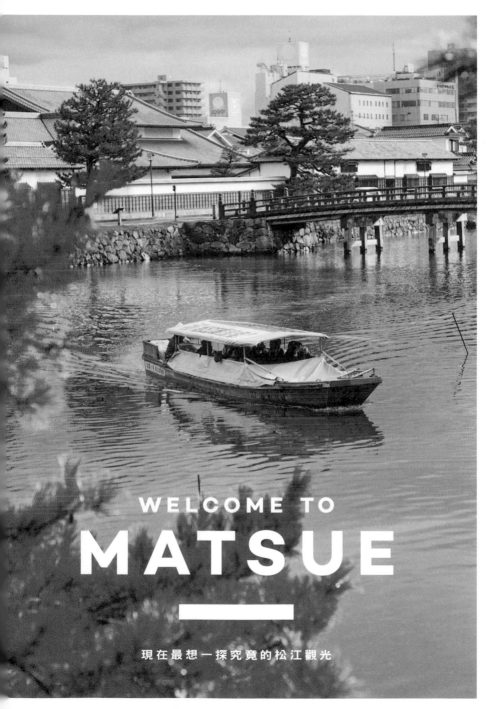

WELCOME TO
MATSUE

現在最想一探究竟的松江觀光

乘船環遊水都松江
堀川巡航，周遊松江城

2015年被指定為國寶的松江城周圍被堀川所環繞。乘船悠遊，可以看到不一樣的松江城，充滿魅力。
感受水都松江四季之美的水上散步，出發！

COMMENTED BY 竹中聰 WRITER

欣賞國寶．松江城的堀川周遊觀光船是松江觀光的經典行程！

Start

遊覽船
介紹

ぐるっとまつえほりかわめぐり
堀川遊覽船

綠意盎然的城內與城下町風情的
城外護城河周遊松江城下的遊覽船

一圈約50分的護城河遊覽在船伕的導覽下，可以欣賞到松江城於慶長16年（1611）建造至今的風貌。漫遊充滿自然景緻的城內護城河及城下町風情的城外護城河。

☎0852-27-0417（堀川遊覽船管理事務所）
MAP 附錄正面③B1
🏯松江市黑田町507-1 🚌堀川遊覽船乘船場巴士站即到（松江堀川交流廣場乘船場） 💴一日乘船券1230日圓（當日可無限次數搭乘） 🕘9:00~17:00，15~20分一班（有季節性變動） 🈺無休（天候不佳時可能停航或更改路線） 🅿利用城山西停車場136輛（收費）等

松江堀川交流廣場乘船場

①

つばきだに
椿谷

從松江堀川交流廣場乘船場啟航後前往城內護城河，護城河被茂密的綠意包圍，形成一條自然隧道。冬天時開滿山茶花．椿，因此取名為椿谷。

在椿谷附近可以見到曬太陽的烏龜及蒼鷺、鸕鶿等生活於堀川的動物們

② 鵜部屋橋
うべやばし

遊覽船會經過16座橋。鵜部屋橋是暗渠型的隧道橋，船身的長寬不多不少剛好夠足以通過。行經時會將船頂降下以便通行，屋頂降到頭部高度時要記得低頭哦！

堀川上有非常多座橋，遊覽船會行經的有16座

③ 京橋川
きょうばしがわ

進入京橋川後，便來到松江城南側的市區。將以前的日本銀行松江分行改建成商場的「KARAKORO ART STUDIO」（→P100），還有模仿京都街道的京店商店街都十分熱鬧。

京店商店街內的KARAKORO廣場也有乘船點

北堀橋
きたほりばし

從北堀橋到前方的宇賀橋是由船上欣賞松江城天守閣的最佳位置。象徵水都·松江的水上美景，藏身於茂密柳樹中的天守閣，絕佳景致讓人快門按不停。

北堀橋周邊可以欣賞到充滿綠意的護城河及天守閣

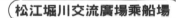

Goal

松江堀川交流廣場乘船場

乘船遊覽後前往國寶·松江城

可以從船上以各種角度來慢慢地欣賞松江城。其天守閣於2015年被指定為日本國寶，下船後一定要前往一探究竟。

☎0852-21-4030（松江城山公園管理事務所）
MAP 附錄正面③B2
詳細DATA→P98

⑤ 鹽見繩手
しおみなわて

從船上可以看到一整排的中級武士住宅，完整保留了當時的風貌。既是門面也是家臣住宅的長屋門、百葉木牆等一整排並列的城下風情，是此區遊覽的魅力所在。

1 長約300m的城下町懷舊街景

※乘船場有松江堀川交流廣場乘船場、大手前廣場乘船場（MAP 附錄正面③C2）、KARAKORO廣場乘船場（MAP 附錄正面③C2、無定期航班）3處。
　購買一日乘船券可於任意乘船場上下船

宍道湖畔旁的島根縣立美術館
來見見夕陽和兔子吧！

島根縣立美術館位於宍道湖畔旁，是有名的賞落日景點。而這裡的戶外雕刻藝術之一，就是可愛的宍道湖小兔子。在被夕陽染得通紅的湖畔旁的片刻時光，是否會帶來天賜良緣呢!?

COMMENTED BY 竹中聡 WRITER

島根縣立美術館的位置是欣賞宍道湖夕陽的絕佳地點

―――(松江站周邊)―――

しまねけんりつびじゅつかん
島根縣立美術館

夕陽和美術作品是水都松江的代表象徵
宍道湖小兔子是幸運物!?

與水都松江相關的畫作收藏約有4500幅，每一幅都值得一看。能與之匹敵的只有從美術館欣賞到的夕陽美景。落入宍道湖中的夕陽，在館內各處都可以欣賞到。由籔內佐斗司所創作的室外雕刻作品，12隻的小兔子都在望著夕陽。也有摸到第二隻小兔子會帶來幸運一說（特別是戀愛方面）。

參觀時間約
120分

☎0852-55-4700
MAP附錄正面③C4
🏠松江市袖師町1-5
🚌県立美術館前巴士站下車即到 🕙10:00～18:30
（3～9月為日落後30分）
🈺週二（逢假日則翌平日休、可能變更）🅿230輛

宍道湖小兔子在美術館旁的湖岸邊。朝向西方溫柔的摸摸牠們會帶來好運哦

免費參觀的大廳是欣賞夕陽的最佳景點之一

COLLECTION

① 阿瓦勒峭壁
克勞德‧莫內／1886年

1880年代是法國畫家克勞德‧莫內開始以自然景觀為主題創作的時期。此幅畫作是描繪北法陽光閃耀的埃特雷塔海岸，此地也位於莫內的故鄉附近

② 美人讀詩
石橋和訓／1906年

身為油畫家的石橋和訓是島根縣人。在英國留學時所創作的此畫，於日本第三屆文部省美術展覽會展出。將閱讀詩作的貴夫人臉上的表情及其優雅的姿態細膩的表現出來，是其代表作品之一

③ 尼斯的窗邊
勞爾‧杜菲／1928年

20世紀的代表畫家勞爾‧杜菲。以各種特別的藍色來表現透過房間的窗看到的海邊景色

以上作品皆為島根縣立美術館館藏

SOUVENIR

將當地藝術買回家

館內商店有販賣館藏原創商品等。
從實用的生活用品到藝術感十足的美術館周邊商品應有盡有。

浮世繪保溫杯
各1000日圓

將該美術館自豪的浮世繪收藏做成保溫杯。用這個喝咖啡也許會別有一番風味!?

天然竹製自來水毛筆
2160日圓

不少女生以書法作為其嗜好。印有收藏品狩野永雲《春秋花鳥圖屏風》上的鴨子和松樹，相當可愛的一組毛筆

幸運兔
1個1080日圓

帶著幸運傳說的室外雕刻作品「宍道湖小兔子」，以白水晶和粉晶做成兔子樣子的護身符，另有吊飾造型

GOURMET GUIDE

輕鬆品嘗日本茶
來享用連"不昧"都愛的日本茶

松江藩第七代藩主・松平不昧是著名的愛好茶道風雅之人，松江地區受其影響也十分盛行茶道。
從傳統的茶室到現代的咖啡廳風格，在這裡可以享受到不同的樂趣。來一杯吧！

COMMENTED BY 竹中 聡 writer

松江城周邊

すからべいちさんろく
Scarab136

簡單明瞭的美味
重新認識日本茶的魅力

以白色為主調的咖啡廳。以馬克杯盛裝煎茶等，實踐
「更輕鬆享受喝茶的樂趣」的概念。種類豐富的日本茶
選擇也以更簡單明瞭的「微苦」「香郁」「濃厚」口味
來分類。讓享用日本茶可以體驗到另一種樂趣。專屬甜
點師傅的特製甜點也不要錯過。

SHOP DATA

☎0852-22-2003 MAP附錄正面④H1
🏠松江市学園南1-3-6 🚌JR松江站搭乘一
畑巴士くにびきメッセ・体育館方向9分、北消
防署前巴士站下車即到 🕘9:00～19:00
🈺週三（逢假日則營業）㊿36 🅿7輛

1 使用高級抹茶的抹
茶起司蛋糕420日圓
和煎茶350日圓 2 店
內以白色為主調令人
印象深刻，採光十分
充足 3 裝潢相當現
代的吧檯

HAVE A NICE TIME

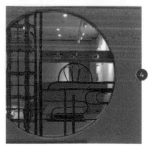

① 抹茶Espresso400日圓與抹茶聖代680日圓，交互享用甜味與苦味的絕佳搭配

② 抹茶湯圓善哉紅豆湯與焙茶套餐700日圓，可以品嘗到香醇的茶香與富有口感的湯圓

③ 不可缺少的傳統日式正統派抹茶，抹茶與和菓子套餐600日圓

④ 另設有分店「Scarab別館」（☎090-57 07-4821 附錄正面③C3）

松江城周邊

めいめいあん
明々庵

於安永8年（1779）建造，深受松平不昧的喜愛。茅草蓋的茶室外掛著的「明明庵」匾額是由松平不昧親筆題字。茶室為入母屋造式建築，內部沒有中柱及隔牆的設計，恰恰反映出松平不昧瀟灑風流的性格。茶室對面的「百草亭」有提供抹茶及和菓子等餐點。

☎0852-21-9863 **MAP** 附錄正面③C1
🏠松江市北堀町278 🚌塩見繩手巴士站步行5分 🎫門票410日圓（附抹茶820日圓） 🕐8:30～18:10售票（10～3月為～16:40） 🈺無休 🅿8輛

1 「觀月庵」屬於細川三齋流派的茶室。小說家小泉八雲也曾於此學習茶道 2 松江藩第三代藩主時期搬遷到位於松江城鬼門的現址 3 抹茶搭配當季和菓子

松江城周邊

ふもんいん
普門院

是由松江藩第一代藩主、堀尾吉晴在建造松江城以及城下町時所設立的寺院。院內的「觀月庵」是將享和元年（1801）建造的茶室修復後保留下來，第七代藩主·松平不昧曾經倚著賞月的圓形窗台至今還在。抹茶請至院內的書院享用。

☎0852-21-1095 **MAP** 附錄正面③C1
🏠松江市北田町27 🚌塩見繩手巴士站步行8分 🎫門票300日圓（附抹茶700日圓） 🕐10:00～16:00 🈺週二（逢假日則營業）※1、2月需預約 🅿5輛

1 枯山水式庭園美景的「百草亭」。搭配的茶點是選用三英堂（→P82）的若草等和菓子 2 昭和41年（1966）搬遷到現在的地方 3 位於鹽見繩手北邊的閒靜高台上

松江站周邊

せいしょうあんたちばなほんてん
清松庵たちばな本店

位於宍道湖畔旁的甜點店。除了西點外，也有提供約10種充滿季節感的上生菓子。於1樓的茶房「かじゅある茶席」可以品嘗到跳脫形式的日本茶與和菓子套餐，很受歡迎。2樓另設有4間茶室。

☎0852-32-2345　MAP 附錄正面④H1
🏠松江市袖師町11-1　🍴JR松江站搭乘松江市營巴士南循環線內迴5分、松江警察署前巴士站步行3分　🕘9:00～19:30（有季節性變動）　㊡無休　席45　P15輛

1 かじゅある茶席套餐1400日圓，有抹茶、葛切、紅豆糯米飯、善哉紅豆湯、上生菓子 2 抹茶與和菓子套餐750日圓 3 可於和式座位享用日本茶

1 吃起來像茶泡飯一樣的ぼてぼて茶500日圓，為了好起泡而使用加入茶花的粗茶泡製而成 2 設有一般座位及和式座位 3 割子蕎麥麵650日圓與霜淇淋380日圓也很受歡迎

松江城周邊

ちどりちゃや
ちどり茶屋

位於松江城內的茶室。在起泡的粗茶中加入紅豆糯米飯、醃蘿蔔、鹽昆布、黑豆、烤飛魚肉等的鄉土料理之一「ぼてぼて茶」，是從前製鐵工人的點心，也可以在此品嘗到。

☎0852-28-6007　MAP 附錄正面③C2
🏠松江市殿町428松江城內　🍴松江城（大手前）巴士站步行5分　🕘10:00～17:00（冬季為10:30～16:00）　㊡無休　席45　P利用大手前停車場66輛（收費）

GOURMET GUIDE

除了日本茶
松江地區的咖啡也是一絕！

傳聞某連鎖咖啡廳遲遲不敢來松江地區展店，可見此地的咖啡水準何其之高。
來受到當地人長年愛戴的名店喝一杯「了不起！」的極品咖啡吧。

COMMENTED BY 竹中 聡 WRITER

松江城周邊

かふぇゔぃーた

CAFFE VITA

從選豆到萃取都絲毫不妥協
讓人不禁讚嘆的咖啡師手沖咖啡

多次獲獎的日本代表咖啡師門脇裕二所經營
的咖啡廳。使用來自巴西等指定農園的咖啡
豆，在店內進行烘培，確保其香味。提供充
分表現出水溫及氣壓掌控等咖啡師技巧的極
品咖啡。

☎0852-20-0301
MAP 附錄正面④H1 ●松江市学園
2-5-3 ♥JR松江站搭乘松江市營
巴士ソフトビジネスパーク方向5分、
付屬中学校前巴士站步行5分
⏰10:00～17:45LO ⏸週四
🪑40 Ｐ16輛

SHOP DATA

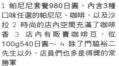

1 帕尼尼套餐980日圓，內含3種
口味任選的帕尼尼、咖啡、以及沙
拉 2 時尚的店內空間充滿了咖啡
香 3 店內有販賣咖啡豆，從
100g540日圓～ 4 除了門脇裕二
先生以外，店員們也多是得獎的常
勝軍

廣	告	回	信
臺灣北區郵政管理局登記證 北台字第12567號			
免	貼	郵	資

姓名：______________________

職業：__________ 性別：男／女 生日：____ 年 ____ 月

學歷：□國中 □高中 □大專（大學）□研究所（含以上）

電話：（宅）______________（手機）______________

地址：□□□ ______________________

____

e-mail：______________________

人人出版

www.jjp.com.tw

人人出版股份有限公司

23145 新北市新店區寶橋路 235 巷 6 弄 6 號 7 樓

郵撥：16402311 人人出版股份有限公司

人人出版 · 讀者回函卡

回函可直接投郵寄回或傳真本公司。傳真專線：(02)2914-0000

首先感謝您對人人出版的支持，由於您的回應我們才能更了解您的需要，繼續提供給您更好的出版品。麻煩請您回答下列問卷。謝謝您的支持！

購買書名：________________ 系列名稱：☐ 人人遊日本；☐ 叩叩日本；☐ 叩叩世界；

☐ co-Trip 日本小伴旅；☐ 哈日情報誌；☐ 人人遊世界；☐ 休日慢旅；其他 ____________

購買年月：______ 購書自：☐ 門市 ________ 書店；☐ 網路書店；☐ 親友贈送；☐ 其他 ______

整體滿意度：☐ 非常喜歡：☐ 喜歡；☐ 普通；☐ 不喜歡；☐ 非常不喜歡

您為什麼會購買本書？（可複選） ☐ 旅遊地點；☐ 封面設計；☐ 觀光景點；☐ 店家內容資訊；

☐ 推薦路線；☐ 地圖好用；☐ 開本好攜帶；☐ 書籍價錢；☐ 其他 ____________

請問您這次旅行的方式？☐ 旅行團；☐ 自由行；☐ 其他 ____________

請問您這次的旅行天數？ ______ 天 ______ 夜

前往本書中介紹的景點後，實際上的感覺如何？ ____________

您希望接下來出版的旅遊地點是？ ____________

您對本書或本公司的建議：

1 位於JR松江站步行可到的徒步圈內 2 本日招牌咖啡400日圓，有「Ethiopia Yirgacheffe G-1 Natural」等每日不同口味

(松江站周邊)

いまじんこーひーてん

IMAGINE COFFEE

提供以氣壓快速萃取的愛樂壓、金屬濾網的咖啡濾壓壺等多種沖泡方式，使用日本精品咖啡協會SCAJ認證咖啡豆的專門店。微苦中帶有馥郁的酸味，展現出如同紅茶、紅酒般的層次，讓人留下深刻印象。

☎0852-25-9277 MAP附錄正面③D3
🏠松江市伊勢宮町503-1 🚶JR松江站步行3分
🕐12:00～23:30 🈳週日、每月一次不定休
🪑20 🅿無

(松江城周邊)

じかばいせんこーひー かふぇ くべる

自家焙煎珈琲 Cafe Kubel

烘培前後都仔細的以手工挑選咖啡豆等，展現高度專業的技巧沖泡咖啡的老闆。不過老闆說：「自己只是憑著感覺，並不太講究」。被綠意環繞的小木屋，讓人忘卻城市的煩囂，這樣自然的空間也深具魅力。

☎0852-27-4402 MAP附錄正面④H1
🏠松江市東奥谷町71-1 🚶JR松江站搭乘松江市營巴士法吉環狀線左線22分、大界中央巴士站下車即到 🕐10:00～18:00 🈳週一 🪑23 🅿8輛

1 咖啡與每日推薦戚風蛋糕套餐630日圓。使用Wedgwood的杯具 2 彷彿在森林中的咖啡廳。也有販賣咖啡豆

再玩遠一些

1 於湖畔旁的露台可以享受舒服的微風。店內也有販賣咖啡豆及陶窯的器皿 2 特製綜合咖啡附自家烘培杏仁510日圓

(玉造溫泉)

ばいせんこーひーこうぼうしょうあん

焙煎珈琲工房 梢庵

將指定產地的精選咖啡豆以高壓高溫均衡地烘培，全程皆不假他手。以鳥取縣奧日野藥師秘湯所湧出的水來沖泡，盛裝在島根縣內45陶窯的杯子裡享用。位於宍道湖畔旁，店內及露台都擁有絕佳景緻。

☎0852-62-9898 MAP附錄正面④G2
🏠松江市玉造町林223-3 🚶山陰道松江玉造IC車程8分 🕐8:00～21:00 🈳12月31日、1月1日
🪑50 🅿20輛

發現存在感十足的寶物
在松江找到的器皿及手工藝品

越用越喜歡的寶物。光是擺著看著就感到滿足的寶物。
不妨到店裡逛逛這些飽含著創作者心意，且正等待著有緣人的器皿和日用品吧！

COMMENTED BY 竹中 聰 WRITER

（松江城周邊）

おぶじぇくつ
objects

能夠慢慢仔細欣賞的空間
精選新舊工藝品的複合品牌店

位於河畔旁的復古大樓裡，精選來自全日本不分
新舊「具有存在感」的工藝品。除了湯町窯及出
西窯（→P56）等島根縣內的陶窯作品，也有木工
藝品及玻璃工藝品等。老闆對於跟創作者之間的
關係也很用心維繫，可以讓老闆介紹一下作品的
魅力之處，相信會十分精采。

☎0852-67-2547　MAP 附錄正面③C3
🏠松江市東本町2-8
🍴大橋北詰巴士站步行5分
🕐11:00～19:00　🈺不定休
🅿無

1 從前是西服店改裝
而成，稍有懷舊復古
氣息 2 沒有多餘擺
設，簡單樸實的陳
列。讓人更專注於作
品的欣賞上 3 創作
者也會不定期舉辦活
動

"objects" GALLERY

1
位於溫泉津的森山窯出品的紅茶杯盤組3780日圓及白紋6吋盤5400日圓

2
雲南市・石飛勳老師的白瓷茶壺7560日圓及茶杯各1728日圓

3
手工製作小茶壺及陶壺的福井縣鮎陶房村島順老師的作品，陶壺27000日圓

4
貫徹「用之美」精神的松江市・湯町窯出品的附蓋罐4320日圓，別緻的設計很吸睛

松江城周邊

ながおかめいさんどう
長岡名產堂

專門販賣 "實用性高" 的民藝陶器老店

從江戶時期開店至今，老闆根據「用之美」的概念精選出民藝陶器品，以島根縣內的陶窯湯町窯、袖師窯（→P102）、出西窯（→P56）出品的陶器為主。從明治時期的器皿到斐伊川和紙的短籤，從古至今的絕妙手工藝品充滿魅力。

1 蒐集了許多能感受到創作者心意的器皿作品 2 使用手感良好的出西窯馬克杯2160日圓 3 出西窯中碗2160日圓，以球切面為其造型設計 4 湯町窯餐盤2160日圓 5 湯町窯雞蛋料理鍋（大）2916日圓 6 位於京店商店街一隅

☎0852-21-0736
MAP 附錄正面③C2
🏠松江市末次本町91
🚌京橋巴士站下車即到
🕙10:00～17:00
休週日 P無

1 髮簪2800日圓、戒指2500日圓等 2 麻製手提托特包2800日圓、大學風托特包4000日圓 3 紙黏土御守不倒翁1個580日圓 4 位於鹽見繩手一角的古民家內，匯集許多創作藝品

松江城周邊

てづくりざっか ちろり
てづくり雑貨 ちろり

位於鹽見繩手，有130年以上歷史的古民家藝品店。販賣山陰地區創作者的手工器皿及配飾等。有木材、陶器、麻、紙等製品種類相當豐富。可以一邊選購一邊享受與老闆聊天的樂趣。

☎0852-23-1722 MAP 附錄正面③B1
🏠松江市北堀町327 🚌小泉八雲記念館前巴士站即到 🕙10:00～17:00 🈺不定休 🅿2輛

松江城周邊

ゆーかりそう
ユーカリ荘

器皿、廚房用品、衣服、鞋子、美妝品等，匯集了豐富的商品，個個都是可以在日常生活中長久使用的。店內另設有編織教學等藝品教室。在此可以感受到如同在自家般的輕鬆愉快。

☎0852-33-7448
MAP 附錄正面③C1
🏠松江市北堀町82-4
🚌鹽見繩手巴士站步行8分
🕙11:00～18:00 🈺不定休
🅿3輛

1 周藤香織老師的方形碟3024日圓 2 周藤香織老師的馬克杯3240日圓 3 充滿想像力的眾多商品們 4 手工用心製作的「yamaneko」胸花1944日圓

1 有著美麗白臘樹木紋的時鐘7020日圓 2 手感滑順的櫻花樹、橡樹材料製木碗3000日圓～ 3 好握的餐具組1500日圓～ 4 店內陳設許多藤原將史的作品

松江站周邊

かぐこうぼうえん
家具工房 en

身為木工的藤原將史老師的工作室兼店面。販賣種類豐富的廚房用品及餐具。以方便女性使用的設計為考量，設計出黃金比例的入口大小及握柄手感。

☎080-1914-8108 MAP 附錄正面④H2 🏠松江市大庭町987-3 🚌JR松江站搭乘松江市營巴士かんべの里方向22分、大庭小学校前巴士站步行5分 🕙10:00～18:00 🈺不定休 🅿3輛

手掌大的藝術品
松江和菓子精選系列

茶道文化從松平不昧時代開始深植松江地區至今，是日本首屈一指的和菓子聖地。
不管是 “不昧的最愛” 還是展現師父技巧的逸品，每一個和菓子都稱得上是藝術品！

COMMENTED BY 竹中聡 WRITER

山川
1片756日圓

松平不昧最愛的甜點之一，也是日本三大著名點心之一。以紅色表現楓葉、白色表現河川流水的落雁糕

季子ごよみ
9個648日圓

將當季食材加入淡雪中，充分表現季節感的和菓子。圖中和菓子添加了醃櫻花葉以表現春天

願ひ菓子
1盒540日圓

一口大小的勾玉造型餅乾，有草莓、巧克力、柚子、和三盆糖、抹茶共5種口味

若草
3個432日圓～

松平不昧最愛的甜點之一。以純手工將淺綠色的寒梅粉均勻撒在一個個求肥上

元祖朝汐
4個810日圓

100多年前由第二代老闆所發明。Q彈的山藥皮中包著微甜的餡料

菜種の里
1片756日圓

松平不昧最愛的甜點之一。口感扎實的落雁糕，表現出油菜花田中蝴蝶飛舞的樣子

(松江站周邊) ─────── Ⓐ

さいうんどう ほんてん
彩雲堂 本店

於明治7年（1874）開業。因重新製作販賣「若草」而聞名。總店設有喝茶處，有提供抹茶（附和菓子）540日圓。

☎0852-21-2727 MAP 附錄正面③C4
🏠松江市天神町124
🍴JR松江站步行8分
🕐8:30～18:30 休無休 Ｐ10輛

(松江站周邊) ─────── Ⓑ

ふうりゅうどう てらまちてん
風流堂 寺町店

於明治23年（1890）開業的老舖。重新製作販賣不昧的最愛之一「山川」。除了傳統和菓子外，也致力於創作新口感商品。

☎0852-21-3241 MAP 附錄正面③C3
🏠松江市寺町151 🍴JR松江站步行10分 🕐9:00～19:00（週日、假日；1、2月為～18:00）休1月1日 Ｐ4輛

(松江站周邊) ─────── Ⓒ

さんえいどう ほんてん
三英堂 本店

受到河井寬次郎等文人喜愛的名店。代表甜點「菜種之里」是松江三大著名點心之一。

☎0852-31-0122 MAP 附錄正面③C3
🏠松江市寺町47
🍴JR松江站步行8分
🕐9:00～18:30 休無休 Ｐ4輛

柚餅子
15個1620日圓

入口即化的求肥搭配柚子的清爽香氣，讓人印象深刻。使用島根縣出產的柚子

かこい梅
10個1404日圓

將梅子以蜂蜜醃漬，外層包覆口感柔軟的求肥。甜味及酸味搭配出清爽的美味

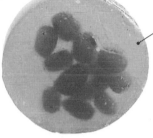

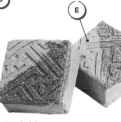

神話の月
8個972日圓

以照耀出雲的月亮為造型，錦玉中加入北海道產的白小豆。錦玉使用當地出產的生薑所製成

姫小袖
6個一盒875日圓

由清爽的去皮紅豆餡與和三盆糖所製成的打菓子。擁有細膩輕柔的口感入口即化

錦小倉
半條盒裝 1026日圓

僅使用備中產的紅豆製成柔滑的小倉羊羹，再以蜂蜜蛋糕做成夾心甜點

出雲
10個1080日圓

大顆大納言紅豆以蜂蜜醃漬，再加入寒天定型，富有口感的紅豆是其特色

（松江站周邊）———————— Ⓓ

けいげつどう てんじんまちほんてん
桂月堂 天神町本店

於文化6年（1809）開業，在松江地區也是首屈一指的老店。使用人工挑選的大納言紅豆等食材，販賣充分發揮食材原味的美味甜點。

☎0852-21-2622 ᴹᴬᴾ附錄正面③C4
🏠松江市天神町97 🚉JR松江站步行10分 🕘9:00～19:00（1～3月為～18:00）休無休 Ｐ4輛

（松江城周邊）———————— Ⓔ

いちりきどう きょうみせほんてん
一力堂 京店本店

寶曆年間（1751～1764）開業至今。江戶時代為歷代藩主的御用和菓子店。寫有和菓子食譜的菓子方書及木製模具等也有流傳下來。

☎0852-28-5300 ᴹᴬᴾ附錄正面③C3
🏠松江市末次本町53 🚌大橋北詰巴士站即到 🕘9:30～18:30
休無休 Ｐ1輛

（松江宍道湖溫泉）———— Ⓕ

ふくだや なかはらてん
福田屋 中原店

以大正2年（1913）開業至今的經驗與技巧手工製作和菓子，並堅持使用當地產及國產食材。使用島根縣產天然柚子製作的「柚餅子」是其招牌甜點。

☎0852-27-4888 ᴹᴬᴾ附錄正面③B3
🏠松江市中原町159 🚃一畑電車松江宍道湖溫泉站步行3分
🕘8:00～19:00 休無休 Ｐ2輛

GOURMET GUIDE

出雲蕎麥麵的招牌STYLE
展現職人手藝的割子蕎麥麵

由松江藩松平家第一代藩主松平直政引進松江地區，熱愛茶道的大名人松平不昧也非常喜歡的割子蕎麥麵。
盛裝在朱紅色圓漆器「割子」中，淋上麵汁及香辛料享用的這種吃法，是出雲・松江的招牌STYLE。

COMMENTED BY 竹中聰 WRITER

松江城周邊

ちゅうごくさんちそばこうぼうふなつ
中国山地蕎麦工房ふなつ

使用自家耕種的一級品，並選用生長在日夜溫
差極大且相當寒冷的奧出雲町的蕎麥。將帶殼
的蕎麥以石臼磨製，因此擁有馥郁香氣。十割
蕎麥麵除了帶有蕎麥的原味和香氣外，還可以
享用到手打麵的豐富口感。

☎0852-22-2361 MAP 附錄正面③B2
🏠松江市外中原117-6 🚌四十間堀川巴士站即到
🕙11:00～15:00（售完即打烊）
休週一 席40 P10輛

1 使用島根縣飯南高原產的大和山藥，可感受山藥濃稠口感的
とろろ割り子1270日圓 2 釜揚蕎麥麵720日圓，可以品嘗到煮麵
水與湯汁的絕妙搭配 3 位於鹽見繩手旁。店內另設有和式座位

松江城周邊

かみよそば
神代そば

於昭和27年（1952）開業至今，堅持以石臼自製蕎麥粉，
並且不添加其他材料直接手打純蕎麥粉（十割蕎麥麵）。本
枯節頂級柴魚片與當地酒藏的料理酒製成的麵汁與蕎麥麵堪
稱絕配。該店的割子蕎麥麵、釜揚蕎麥麵都是傳統口味，傳
統的技術與口味都十分受到當地人喜愛。

☎0852-21-4866 MAP 附錄正面③B1
🏠松江市奧谷町324-5 🚌小泉八雲記念館前巴士站即到
🕙11:00～15:00（之後售完即打烊）
休週三 席38 P8輛

1 蕎麥麵上加了奧
出雲町產舞茸、炸
番薯等的マイタケ
天ぷらそば950日
圓 2 招牌的千鳥
割子980日圓，配
料有鵪鶉蛋、山藥
泥等 3 店內有地
爐，充滿鄉村情調

松江城周邊

いずもそばきがる
出雲そば きがる

為松江的名店之一，開業至今已有80年以上歷史。有充滿香氣且為當地傳統的帶殼研磨「帶殼磨」，以及數量有限的去殼研磨「去殼磨」兩種蕎麥麵可供選擇。「帶殼磨」推薦割子蕎麥麵，想品嘗「去殼磨」可選擇鴨肉蒸籠蕎麥麵1150日圓等。

☎0852-21-3642　MAP附錄正面③C1
🏠松江市石橋町400-1　🚌塩見縄手巴士站步行7分
🕐11:00~19:00（售完即打烊）　🈺週二（逢假日則營業、有補休）　🈲30　🅿8輛

1 二八的割子蕎麥麵720日圓。追加一碟割子蕎麥麵240日圓、十割1碟270日圓 2 很適合當宵夜下酒菜的人氣蕎麥豆腐380日圓 3 位於散發著懷舊氛圍的大樓1樓。店內有吧台座位和一般座位

1 挽きぐるみの割り子そば3碟810日圓，可以品嘗到帶殼磨蕎麥的美味 2 鴨肉南蠻蕎麥麵1200日圓，只有10~5月供應 3 設有一般座位與和式座位，讓人放鬆舒適的店內空間

松江站周邊

てうちそば こち
手打ちそば 東風

2014年開幕至今，獲得相當多當地蕎麥愛好者的支持。帶殼磨蕎麥麵有提供二八割及十割兩種，特別是十割蕎麥麵能將蕎麥的香味充分表現出來。中午為蕎麥麵店，晚上則提供酒類及下酒菜。品嘗完當地美酒後來一碗蕎麥麵真是格外美味啊！

☎0852-67-2618　MAP附錄正面③D4
🏠松江市雜賀町字津田海道237-3　🚌JR松江站步行10分
🕐11:30~14:30LO、17:30~20:30LO（晚餐需預約）
🈺週日、一　🈲12　🅿5輛

GOURMET GUIDE

宍道湖七珍與日本海之幸
當地人氣海鮮居酒屋

為海跡湖之一的宍道湖，其七大必吃海鮮──鱸魚、沙蝦、鰻魚、西太公魚、鮮蜆、鯉魚、銀魚。
再加上日本海的美味海鮮！來到輕鬆自在的居酒屋嚐嚐當季美食吧！

COMMENTED BY 竹中 聡 WRITER

松江城周邊

かわきょう
川京

「晚安，歡迎光臨」一整排吧檯座位的雅緻
店內，聽著島根方言的對話你來我往，充滿
熱情親切的氣氛。當季的宍道湖七珍創意料
理很受歡迎，還有常客每年都特地遠道而
來。也有提供種類豐富的島根縣當地酒類。

☎0852-22-1312 MAP 附錄正面③C3
🏠松江市末次本町65 🚌大橋北詰巴士站即到
🕐18:00〜22:30 休週日(逢假日則翌日)
席15 P無

1 招牌奉書燒烤鱸魚1750日圓，保肝鮮蜆890日圓的湯
汁也是極品美味 2 鰻魚打打喜TATAKI990日圓也是一道
必吃料理 3 位於鬧區中，離觀光景點十分近

松江城周邊

かいせんりょうりや さくらがわ
海鮮料理屋 さくら川

海鮮批發商所經營的居酒屋，由具有40年以上經
驗的主廚負責料理。提供市場直接進貨的新鮮海
產，夏天有岩牡蠣、中卷，冬天有青甘、松葉蟹
等。生魚片、海鮮蓋飯、日式鍋飯、分量十足的
午間套餐1620日圓也很受歡迎。

☎0852-24-1807 MAP 附錄正面③A1
🏠松江市黑田町468-4 🚌JR松江站搭乘松江市營巴士
北循環線內週23分、黑田町井出的內巴士站即到
🕐11:30〜13:50LO、17:30〜20:50LO
休不定休 席78 P6輛

1 放滿當日新鮮海鮮的漁師丼（特上）3024日圓，另
有提供小分量（並）1620日圓 2 以飛魚高湯炊煮的飛
魚鍋飯1620日圓只有在夏季供應 3 另設有下嵌式座位
的包廂

松江站周邊

きょうどりょうり てれすこ

鄉土料理てれすこ

位於鬧區大樓裡，氣氛輕鬆的鄉土料理店。
除了日本海當季的海鮮外，鱸魚、鰻魚等宍
道湖七珍料理也相當豐富，吧檯上一盤盤的
鄉土料理也充滿地方特色。加了奧出雲產蕈
菇的天婦羅也相當美味。

☎0852-24-2288　MAP附錄正面③D3
🏠松江市伊勢宮町528(新天地內)
🍴JR松江站步行7分　🕐17:00～22:00
休週日、假日　席50　P無

1 地方名酒1杯500日圓～
2 排滿一整排料理的吧檯
3 嫩煎鱸魚佐酪梨及生火
腿900日圓、剝皮魚生魚
片800日圓～、鮮蜆可樂
餅800日圓 4 擁有很多當
地的常客

松江城周邊

かいせんりょうり おきのあじ つるまる

海鮮料理 隱岐の味 鶴丸

位於松江城堀川邊的居酒屋。提供鄉土料理
及新鮮海鮮，海鮮是在島根半島海上捕獲後
直接從隱岐群島運送過來。夏天到秋天的尾
聲有新鮮的中卷，還有漁夫們在船上提振精
力吃的辛辣魚鍋等料理。店內掛有集魚燈與
大魚旗，充滿漁夫市集的氣氛。

☎0852-22-4887　MAP附錄正面③C2
🏠松江市東本町1-79　🍴京橋巴士站下車即到
🕐17:30～22:00　休週日(逢連假時為最後一日)
席100　P無

1 中卷生魚片800日圓、辛辣魚鍋（小）650日圓、鮮
蜆清湯500日圓、岩海苔飯糰2個500日圓 2 位於
KARAKORO廣場附近。提供各種隱岐地方名酒 3 1樓
設有吧檯座及寬敞的下嵌式座位

受到長年愛戴的美味！
在地美食 in 松江

松江人從以前吃到現在的輕食、大餐還有甜點大集合。
受到當地人長久以來喜愛的美食，都帶有一股溫和療癒的滋味。

COMMENTED BY 竹中 聡 WRITER

1 蔬菜、海鮮、雞肉，
各種豐富的食材各
100～300日圓。鮮美
高湯讓人一滴都不捨得
剩

(松江站周邊)

おでんしょうすけ
おでん庄助

松江市是全日本最多間關東煮店的地
方。雞骨高湯底配上種類豐富的料，
是 "松江關東煮" 的特色。本店已
有70年以上的歷史。干貝、章魚、
飛魚竹輪、沙腸魚丸等約40種豐富
食材。每種食材都分量十足。

☎0852-21-4238 MAP 附錄正面③C3
🏠松江市八軒屋町16
🍴JR松江站步行13分
🕐17:00～22:30 休週日、假日的週一
💺80 P8輛

(松江城周邊)

み一としょっぷきたがき
ミートショップきたがき

為當地肉商所經營，販賣島根培
育的名品牛肉「島根和牛」。該
店提供的和牛可樂餅是無庸置疑
的松江極品美食。是曾經1天
2500個全數售罄的人氣商品，絕
對必吃美食。

1 「島根和牛」香甜濃郁的美味都
濃縮在一起，手造りビーフコロッ
ケ1個110日圓

☎0852-26-2760
MAP 附錄正面③B3
🏠松江市西茶町71
🍴京橋巴士站步行3分
🕐9:00～19:30(假日～18:00)
休週日 P10輛

1　稲荷壽司1個110日圓〜也是很受歡迎的口味　2　滿滿當地名產的配料。蒸壽司（附海鱸湯）1100日圓

なにわずし
浪花寿司

於明治20年（1887）開業至今的壽司老店。一打開其蒸壽司的蓋子，便有甘醋的香味撲鼻而來。放了蝦、鰻魚、飛魚竹輪、生薑牛肉等豪華豐富的食材，從古至今都是代表松江的"華麗料理"。

☎0852-21-4540　ᴹᴬᴾ附錄正面③C3
🏠松江市東茶町27　🚌大橋北詰巴士站步行3分
🕐10:00〜14:10LO、16:30〜19:40LO
休週四、每月2次週三不定休　📖27　Ｐ3輛

再玩遠一些

おおはかや
大はかや

宍道湖從古至今皆盛產鰻魚，因此在松江地區發展出許多鰻魚料理店。該店使用上好的鰻魚以炭火細燒烤，再塗上特製醬汁。除了特上4片鰻魚飯之外，還有交互堆疊白飯和鰻魚而成的豪華鰻魚蓋飯。

☎0852-36-8652　ᴹᴬᴾ附錄正面④G1
🏠松江市西浜佐陀町304　🚃一畑電車松江イングリッシュガーデン前站即到　🕐10:00〜14:15、15:30〜17:00　休週四、第1、3、5週日、第3週日的翌週一（2、4週日只營業午餐）　📖80　Ｐ15輛

1　鰻魚跟白飯的比例相當，分量充足。雙層鰻魚蓋飯（附鰻魚肝湯、醬菜）3650日圓

けーきはうす あがーと
ケーキハウス アガート

位於玉造溫泉街上的烘培坊。使用宍道湖產鮮蜆、出雲蕎麥粉等當地食材製作甜點。不是常見的貝殼形狀，而是做成"鮮蜆"造型的鮮蜆瑪德蓮蛋糕，除了味道好之外可愛的樣子也很受歡迎。

☎0852-62-0303　ᴹᴬᴾ附錄正面⑤H3
🏠松江市玉湯町玉造46-2　🚌JR松江站搭乘一畑巴士玉造溫泉方向27分、溫泉ゆ〜ゆ前巴士站下車即到　🕐9:00〜19:00　休不定休　Ｐ5輛

1　しじみマドレーヌ（左／原味、右／鮮蜆口味）各145日圓。使用鮮蜆粉製作的鮮蜆口味帶有微微的鮮蜆香

從松江出發再玩遠一些
周遊2大能量景點

稍微走遠一點也想要去的2大能量景點，能占卦愛情運的八重垣神社以及有成就石、許願石的
玉作湯神社。從松江出發很適合自駕前往。從松江站坐巴士前往也別有一番樂趣。

COMMENTED BY 竹中聡 WRITER

於八重垣神社的神祕鏡池進行愛情運占卦

是這樣的地方

Start

やえがきじんじゃしゅうへん
～たまつくりおんせんしゅうへん

八重垣神社周邊～
玉造溫泉周邊

感受神聖氛圍
來到八重垣神社與玉作湯神社

許多能量景點匯集的地區，很值得離開松江市中心前往一訪。一定要來八重垣神社的鏡池占卦一下愛情運，還有在玉作湯神社做一個專屬護身符。結束參拜後渾身上下都是滿滿的"好運氣"。

🚶往八重垣神社／JR松江站搭乘松江市營巴士往八重垣神社方向20分
往玉造溫泉／JR松江站搭乘一畑巴士往玉造溫泉方向，到玉造溫泉駅入口21分、溫泉下25分、姬神廣場26分
※八重垣神社與玉作湯神社沒有直達巴士，移動時需回到JR松江站，需注意

JR松江站

① 八重垣神社
やえがきじんじゃ

當年素盞嗚尊力退八岐大蛇之時，將稻田姬藏於此處，並在此結為連理，讓此處從此成為結緣聖地。神社內的山茶花夫妻樹及夫妻杉樹等也為結良緣的吉祥象徵。可以將硬幣放在御守販賣處購買到的占卜用紙（100日圓）上，讓其浮在神秘的鏡池水面上，硬幣沉入池中的時間便是緣分來到前須等待的時間。

☎0852-21-1148 MAP 附錄正面④H2 📍松江市佐草町227 🚌八重垣神社巴士站下車即到 ⭕️💛🏢🅺自由參觀（社務所、寶物殿為9:00～17:00、寶物殿門票200日圓）🅿100輛

除了可以占卦愛情運的鏡池外，神社內還有山茶花夫妻樹及夫妻杉樹等結緣景點

② 縁結び八重垣 八重

えんむすびやえがき やえ

位於八重垣神社北側，是現代版的神社茶室。提供八重垣蕎麥麵940日圓（附有每日替換的米飯套餐、如右下圖）等餐點及甜點。也有販賣能量石等結緣商品及伴手禮。

1 原創朱印帳2160日圓、結緣手環3380日圓～、結緣籤生薑湯378日圓

☎0852-31-8450
MAP 附錄正面④H2
🏠松江市佐草町220-6
🍴八重垣神社巴士站下車即到 ⏰9:00～17:30LO
💤無休 🅿10輛

③ Decolle

でこれ

除了充滿花香綠意的園藝店，還有販賣家飾及廚房用品等生活雜貨的複合式商店。另設有咖啡小酒館，車程數分鐘可到。

☎0852-60-1316
MAP 附錄正面④H2
🏠松江市大庭町1185-2 🍴JR松江站搭乘巴士往八重垣神社方向18分，佐草十字路巴士站下車步行3分
⏰10:00～18:00 💤無休 🅿25輛

1 丸山特調咖啡與現烤戚風蛋糕

④ 島根縣立八雲立風土記之丘 展示學習館

しまねけんりつやくもたつふどきのおか てんじがくしゅうかん

考察史蹟的據點之一，附近數處為古墳時代的遺跡，也與出雲國造家有其淵源。展示館中展出素陶器、日本刀等貴重的出土品，以及奈良時代的復原立體模型。

☎0852-23-2485
MAP 附錄正面④H2
🏠松江市大庭町456 🍴JR松江站搭乘松江市營巴士往かんべの里方向23分、風土記の丘巴士站下車即到 ⏰門票200日圓（企劃展另計）⏰9:00～17:00 💤週二（逢假日則翌日）🅿50輛

⑤ 出雲Kambe之里

いずもかんべのさと

整個園區綠意盎然，設有可以體驗傳統工藝的「工藝館」等數個設施。也可以在「民藝館」圍著地爐坐著，聽著交織了方言的傳說故事，仿佛坐上時光機來一趟時光旅行。

☎0852-28-0040 MAP 附錄正面④H2
🏠松江市大庭町1614 🍴JR松江站轉乘巴士往かんべの里方向15分，終點下車。民話館即到、工藝館步行3分
⏰自由參觀（民話館門票200日圓）⏰9:00～17:00
💤週二（逢假日則翌日）🅿50輛

1 附近還有古代住居復刻模型及風土記植物園 2 珍貴的鹿素陶器等是其看點之一

1「民藝館」是仿造古老民宅而建造而成 2 有一點恐怖的奇談等精彩有趣的故事讓聽的人個個全神貫注

⑥ 玉作湯神社
たまつくりゆじんじゃ

祭祀出雲造玉之祖櫛明玉神以及溫泉的守護神大國主神、少彥明神等神明。玉作湯神社因能結良緣，還有一顆能實現所有願望的許願石而聞名。可將於御守販賣處購得的成就石（叶い石）與大許願石碰觸以得其神力，製作專屬的護身符。

1 據說從橋頭拍攝鳥居的照片就能帶來美好戀情的宮橋（恋叶橋） 2「石頭之神」的化身，被大家誠心供奉的許願石

☎0852-62-0006　MAP附錄正面⑤H4　🏠松江市玉湯町玉造508　🍴玉造溫泉巴士站步行3分　❤️🕐💤自由參觀（社務所9:00～12:00、13:30～18:00※週六日、假日為8:30～18:00、有天候和季節性變動）　🅿20輛

Goal
↓
JR松江站

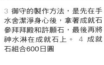

3 御守的製作方法，是先在手水舍潔淨身心後，拿著成就石參拜拜殿和許願石，最後再將神水淋在成就石上。 4 成就石組合600日圓

SOUVENIR

有助戀情？玉造溫泉伴手禮

做成勾玉、勺斗雲、手掌造型的はこぶね方舟浮水蠟燭3個組合700日圓（1個250日圓）※圖中為勾玉造型

A 不知道會買到哪個造型的姬神占卜神社餅乾1080日圓，可以占卜看看自己的運勢。帶有松江產姬神生薑的香味

A 以出雲為主題的可愛出雲風景貼紙1張800日圓～

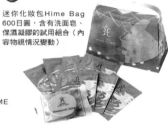

B 姬ラボ（HIME LABO）全能保濕凝膠100g 2500日圓

B 保濕效果良好的姬ラボ（HIME LABO）洗面皂80g 1500日圓

B 迷你化妝包Hime Bag 600日圓，含有洗面皂、保濕凝膠的試用組合（內容物視情況變動）

たまつくりあーとぼっくす **A**
玉造アートボックス

可以在此一次滿足休息及購物需求的複合品牌店。有提供原創西點的「美肌マルシェ」、販賣文創商品的「はこぶね」以及當地丹寧布廠商所經營的『オロチ商店』等。還可在此租借浴衣體驗1944日圓。

☎0852-67-5050 MAP 附錄正面⑤H3
🏠松江市玉湯町玉造1241 🚌溫泉下巴士站下車即到
🕘9:00～19:00（因商店而異）🈵無休（因店而異）🅿無

たまつくりおんせんびはだけんきゅうじょ ひめらぼ **B**
玉造溫泉美肌研究所 姬ラボ

使用玉造溫泉泉水製作的原創保養品，品項豐富。具有高滲透力、高保濕力、平復肌膚紋理等功效。試試玉造閃亮噴霧1100日圓及其他基礎保養品，感受一下"神之湯"的效果吧！

☎0852-62-1556 MAP 附錄正面⑤H3
🏠松江市玉湯町玉造46-4 🚌姬神広場巴士站即到
🕘8:30～21:30 🈵無休 🅿無

Start
JR松江站
│① 八重垣神社 ─巴士20分
│② 緣結び八重垣 八重 ─步行即到
│③ Decolle ─步行10分
│④ 島根縣立八雲立風土記之丘展示學習館 ─巴士9分
│⑤ 出雲Kambe之里 ─巴士15分
│ JR松江站 ─步行5分
│⑥ 玉作湯神社・玉造アートボックス・玉造溫泉美肌研究所 姬ラボ ─巴士28分
Goal
JR松江站 ─巴士28分

想要變美變漂亮，來去
"神之湯" 源源不絕的玉造溫泉住一晚

《出雲國風土記》中記載為 "神之湯" 的玉造溫泉，從以前就具有豐富的療效。在溫泉街愉快的散步後，來到溫泉旅館泡湯放鬆享受一下。讓美人湯療癒身心靈，使整個人煥然一新。

COMMENTED BY 竹中聡 WRITER

是這樣的地方

たまつくりおんせん
玉造溫泉

以美肌湯而為眾人所知
山陰地區唯一的溫泉地

從前出產勾玉等為 "造玉" 之里，並於歷史上留名的玉造溫泉。此處已有1300年以上的歷史。位於溫泉街中間的玉湯川邊沿岸，是一整排的溫泉旅館。溫泉街上也有許多景點，如姬神廣場的足湯及可以裝盛溫泉水帶走的湯藥師廣場等，很適合散步順道拜訪。

☎0852-62-3300(松江觀光協會玉造溫泉分部)
MAP附錄正面⑤ JR松江站搭乘山陰本線出雲市方向9分、玉造溫泉站即到，或是搭乘一畑巴士往玉造溫泉方向，到玉造溫泉站入口21分、溫泉下25分、姬神廣場26分、溫泉上27分、玉造溫泉車程28分

(玉造溫泉)

かすいえんみなみ
佳翠苑皆美

在饒富風情的溫泉旅館享用極品美食

宍道湖畔旁的分館「皆美館」有提供海鮮為主的日式宴席料理，相當受到好評。也可以選擇人氣傳家菜「鯛魚飯」為壓軸的套餐菜單。有充滿開闊感的景觀湯池及美麗的庭園等，可以在此享受到風雅的旅程。

☎0852-62-0331
MAP附錄正面⑤H3
🏠松江市玉湯町玉造1218-8 🚌姬神広場巴士站下車即到 Ｐ150桶

1泊2食…20670日圓～
IN/OUT…15:00/10:00
客房…115間
浴池…室內2、露天2

1 有相當多樣的客房，如摩登時尚的日式洋房型客房「天ゆら」等 2 位於玉造溫泉區內最高處的景觀湯池「天遊之湯」在9F 3 在美國庭園專門刊物上獲得極高評價的庭園也不容錯過 4 「鯛魚飯」是該館的出名料理

※1泊2食、1泊附早餐、純住宿的費用為2位入住1間房時1位客人的費用。單人房、雙床房為1間房間的房費。

1 館內中的露天池也很齊全 2 於「龍宮之湯」泡湯時男女皆需穿著湯衣

（玉造溫泉）

ゆのすけのやど ちょうらくえん
湯之助の宿 長樂園

承襲松江藩任命的溫泉管理者「湯之助」之名，於明治元年（1868）開業至今的知名旅館。日本最大的混浴露天湯池「龍宮之湯」，可以享受到流動式天然湧泉的美人湯。

☎0120-62-0171 MAP 附錄正面⑤H3
🏠松江市玉造町玉造323 🚌溫泉上巴士站下車即到
Ⓟ50輛

1泊2食…17450日圓～
IN/OUT…15:00/10:00
客房…67間　浴池…混浴露天1、室內2、露天2、包租1

（玉造溫泉）

ほしのりぞーと かい いずも
星野度假村 界 出雲

旅館面積廣大，24間客房全都帶有個人露天溫泉池。可以於房內享受私人空間的泡湯樂趣。館內另設有茶道師範主持可品味抹茶的茶室、圖書館、交誼廳等。

☎050-3786-0099(界預約中心) MAP 附錄正面⑤H3
🏠松江市玉造町玉造1237 🚌姬神広場巴士站即到
Ⓟ24輛

1泊2食…29000日圓～
IN/OUT…15:00/12:00
客房…24間（附露天浴池客房）　浴池…室內2、露天2

1 充滿日式風情的平房建築 2 客房內的浴池皆為信樂燒浴池或檜木桶浴池

（玉造溫泉）

いずも・たまつくりおんせん しらいしや
出雲・玉造溫泉 白石家

寬敞的大浴場「織姬」的浴池是全檜木製。不僅是溫泉，檜木柔順的觸感及香味都讓人身心舒暢。白石家總動員的「結緣LIVE SHOW」每晚都有演出。

☎0852-62-0521 MAP 附錄正面⑤H3
🏠松江市玉造町玉造44-2 🚌溫泉下巴士站即到
Ⓟ100輛

1泊2食…16350日圓～
IN/OUT…15:00/10:00
客房…73間　浴池…室內2、露天2

1 充滿豐富當地食材的晚餐也很受歡迎 2 「織姬」的古代檜木浴池是使用樹齡1800年的檜木所製成

深入採訪
旅遊小筆記

→P75 →P89 →P70 →P16・P52

令人好奇的
採訪中的奇妙邂逅

武士會占卦？

在松江城內的ちどり茶屋（→P75）發現武士！從土耳其回國的武士利用土耳其咖啡占卦1000日圓，只有在週日及週一才有哦。

這是蛋糕？怎麼可能

玉造溫泉街的ケーキハウスアガート（→P89）所推出添加了蕎麥粉的蛋糕，造型跟真的蕎麥麵一模一樣。名叫「出雲んぷらん」440日圓。味道也很棒哦。

在溫泉街上學習神話知識吧！

玉造溫泉街上有許多神話人物的銅像，每個都看過一輪下來的話搞不好就能看懂神話故事!?銅像是跟宍道湖小兔子（→P70）同一個藝術家籔內佐斗司所創作。

令人好奇的
方言

だんだん【DANDAN】

[解釋]

謝謝的意思。原本だんだん是「屢次、反覆」之意，後將「だんだんありがとうございます（反覆感謝）」的後半省略後，だんだん就變成了表達感謝之意的詞。遇到長輩等可以重疊使用「だんだん、だんだん」以表尊敬。

ばんじまして【BANZIMASITE】

[解釋]

「早安」和「晚安」的中間點，於夕陽西下或是下班返家時的打招呼用語。在傍晚的這個時間進到店中，店裡的老闆都會說「ばんじまして」表示歡迎。

令人好奇的人物
是何方神聖？

赫恩（Hearn）先生

為教授英文來到島根縣。其後寫出了《不為人知的日本面容》等作品的派屈克・拉夫卡迪奧・赫恩（Patrick Lafcadio Hearn）。當年前往學校教書時簽的合約上將其名Hearn以片假名ヘルン標記，當時的報章雜誌等也都稱其為赫恩。其故居前的巴士站也為「赫恩故居前」（現為小泉八雲記念館前）。在松江地區一直到現今大家還是親切地稱呼他為「赫恩先生」。

島根貓

島根縣觀光吉祥物「島根貓」，頭上還頂著可愛的屋頂。島根貓出現在各大海報及商品上，在島根縣內四處都可以看到牠的蹤影。一畑電車（→P16・P52）的粉紅結緣電車「しまねっこ號」上，也有島根貓坐在上面！非常適合拍照留念。

本書作者的真心話
各式各樣的必遊景點複習

SPOT

松江城　鹽見繩手

宍道湖　島根縣立美術館　八重垣神社

提到松江地區的必遊景點，就是2015年被指定為日本國寶的松江城（→P98）。光看黑色的壁板與入母屋造博風板就能感受到其城之美，更不用說從天守閣看出去的松江市街與宍道湖的景緻有多令人讚嘆！擺放於城內的盔甲也非常壯觀。松江城的城下町鹽見繩手（→P69），至今仍洋溢著江戶風情。據說曾有一位原本住在武士宅邸的鹽見小兵衛，爾後破格升官且成就顯赫、因而成為此地地名的由來。松江城護城河及宍道湖是最能代表水都·松江的地標。可欣賞宍道湖和夕陽的宍道湖大橋、白潟公園、岸公園，以及宍道湖觀賞夕陽地點等地都相當推薦。島根縣立美術館（→P70）的大廳也可以免費前往觀賞宍道湖夕陽。女生喜歡的結緣景點第一個推薦的就是八重垣神社（→P90）。我也有在鏡池占卜我的感情運…結果看來我還要等到我的真命天子還要等上好一陣子呢（笑）。

在松江地區去到的第一家店是割子蕎麥麵店（→P84）。有些店碗裡只放蕎麥麵，有些店把香辛料、配料與麵放在一起，每間店有著各種不同風格與特色。要記得醬汁不需要加太多。被稱為宍道湖七珍的海鮮也是松江著名美食之一。我個人最喜歡溫暖身心的鮮蜆清湯。也很適合喝醉的時候喝（笑）。松江關東煮也是大家喜歡的在地美食（→P88）。在這裡有好多家關東煮的店。分量十足的食材吸滿了高湯的美味。飛魚是代表島根縣的海鮮之一，而飛魚竹輪則是松江地區的招牌美食。用飛魚魚漿製成，簡單來說就是一根超級大竹輪，非常適合當下酒菜喔（笑）。我不光只顧著喝酒，採訪的時候也品嘗了抹茶與和菓子。一邊望著松平不昧鍾愛的茶室一邊悠閒地享用…覺得心情也放鬆下來。

FOOD

割子蕎麥麵　鮮蜆清湯

松江關東煮　飛魚竹輪　抹茶與和菓子

SOUVENIR

松江三大著名點心　泥鰍舞饅頭

玉造溫泉保養品　出雲瑪瑙工藝　八雲塗

說到松江，就會聯想到品茶之地以及被譽為"不昧最愛"的著名和菓子。松江三大銘菓分別為「若草」、「山川」與「菜種之里」。只要是伴手禮店幾乎都可以買得到。松江市東邊的安來市，以安來節的泥鰍舞而聞名。以泥鰍舞面具為造型的可愛泥鰍舞饅頭也是必買甜點。擺設在島根縣內的伴手禮賣場時都非常吸睛。深具美肌效果而聞名的玉造溫泉，不妨試試玉造溫泉姬美肌研究所姬ラボ（→P93）所推出的溫泉保養晶吧！可以先從內容豐富的迷你化妝包Hime Bag下手。同樣是寵愛自己的還有豐富生活的手工藝品也很推薦。除了島根縣內各地的陶窯出品的陶器以外，還有傳統出雲瑪瑙工藝、八雲塗的漆器等，可以花時間慢慢找尋自己喜歡的作品。

松江城周邊

Matsuejyo Syuhen

STANDARD SPOT CATALOG

松江城
まつえじょう
👆
觀光

2015年被指定為日本國寶
山陰地區唯一的現存天守閣

日本全國現存的12個天守閣的其中之一，也為山陰地區唯一的一個。當年由堀尾吉晴建造後，為松平家等人的居住城。漆黑的壁板與入母屋造式博風板非常之美，並於2015年被指定為日本國寶。

☎0852-21-4030（松江城山公園管理事務所）MAP 附錄正面③B2 🏠松江市殿町1-5 ➡松江城（大手前）巴士站步行8分 ◐登閣門票560日圓 🕒8:30～18:00售票（10～3月為～16:30售票）🈺無休 🅿利用大手前停車場66輛、城山西停車場136輛（皆收費）

松江歷史館
まつえれきしかん

👆 觀光

①

館內為武士住宅風格，透過油畫和影片來介紹松江城鎮的演化及當地人民的生活、文化等。借景松江城天守閣的日式庭園也十分美麗。

☎0852-32-1607 MAP附錄正面③C1
🏠松江市殿町279 🚌塩見繩手巴士站即到 💴基本展示參觀資料510日圓（免費入館、企劃展另計）🕗8:30～18:30（10～3月為～17:00）🈺第3週四（逢假日則翌日）🅿利用大手前停車場66輛（收費）

1 鋪設榻榻米的基本展示間。館內也備有休息處及喫茶きはる（→P.19）

小泉八雲故居（赫恩故居）
こいずみやくもきゅうきょ
（へるんきゅうきょ）

👆 觀光

①

透過《不為人知的日本面容》等作品將日本文化傳遞到世界的小泉八雲（Patrick Lafcadio Hearn）與其夫人節子一同居住過的武士住宅，可以參觀其書房等。隔壁的小泉八雲紀念館由於目前改建當中，預定休館至2016年7月中左右。

☎0852-23-0714 MAP附錄正面③B1
🏠松江市北堀町315 🚌小泉八雲記念館前巴士站即到 💴門票300日圓 🕗8:30～18:10售票（10～3月為～16:40售票）🈺無休

1 在《不為人知的日本面容》一書中也有出現的房間及庭園，將當年的模樣完整地保留了下來

武士住宅
ぶけやしき

👆 觀光

①

位於鹽見繩手，於享保18年（1733）所建，從江戶初期開始便為松江藩中級武士們居住的武士住宅。將當年的珍貴樣貌保留下來，並且展示著生活道具用品等。預計於2016年8月開始重新裝修，欲前往需洽詢。

☎0852-22-2243 MAP附錄正面③B1 🏠松江市北堀町305 🚌小泉八雲記念館前巴士站步行3分 💴門票300日圓 🕗8:30～18:10入館售票（10～3月為～16:40入館售票）🈺無休 🅿無

1 能夠一探當年中級武士們的生活樣貌，為日本國內稀少珍貴的展出。入口的長屋門為其特色之一

月照寺
げっしょうじ

👆 觀光

 已在下方
①

松平城主‧松平家的菩提寺，進入唐門後正面便是第七代藩主‧松平不昧（治鄉）的廟。神社內的日式庭園深具魅力，書院高島殿（品茶處）的抹茶也十分美味。小泉八雲的隨筆中曾出現的大龜石像也在此處。

☎0852-21-6056 MAP附錄正面③A2
🏠松江市外中原町179 🚌月照寺巴士站下車即到 💴參觀500日圓（附抹茶900日圓）🕗8:30～17:30（12～3月9:30～16:30）🈺無休 🅿30輛

1 可於書院高島殿一邊欣賞四季變化的日式庭園一邊享用抹茶

AREA
松江城周邊
Matsuejyo
Syuhen

STANDARD SPOT CATALOG

田部美術館
たなべびじゅつかん
👆觀光

展示曾被稱為「山林王」的田部家二十四代代相傳的收藏品。還有松江藩第七代藩主‧松平不昧（治鄉）的收藏品及不昧的手工茶具以及樂山燒、布志名燒等名品。

☎0852-26-2211 **MAP**附錄正面③B1
🏠松江市北堀町310-5 🚌塩見繩手巴士站即到
🎫門票620日圓（特別展另計）🕐入館售票9:00～16:30 🚫週一（逢假日則營業）、更換展示品期間休 🅿無

1 與不昧有其淵源的作品等貴重的茶道美術品，於菊竹清訓大師設計的建築中展出

松江堀川地ビール館
まつえほりかわじびーるかん
🍽🍺用餐

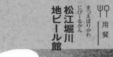

設有啤酒吧檯及啤酒餐廳，可以在此品嘗到獲獎無數的松江本地啤酒「赫恩啤酒Beer Hearn」。餐廳提供「島根和牛」燒肉等定食餐點。

☎0852-55-8877 **MAP**附錄正面③B1
🏠松江市黒田町509-1 🚌堀川遊覧乗船場巴士站下車即到 🕐11:00～16:30LO（商店為9:00～17:30）🚫無休 🅿140 🅿利用城山西停車場136輛（收費）

1 設有本地啤酒廠。3小杯不同口味供人品嘗比較的啤酒三小福1000日圓，很受歡迎

1

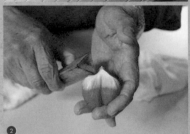

2

KARAKORO ART STUDIO
からころこうぼう
✎體驗

變身職人
傳統工藝小體驗

由昭和13年（1938）建造的日本銀行松江分行改建而成，現為集合松江地區「創作、視覺、味覺」的複合式商場。各式各樣的體驗教室很受歡迎，其中和菓子店「彩雲堂（→P82）」的甜點師傅親自教授的和菓子課程大受好評。

☎0852-20-7000 **MAP**附錄正面③C2
🏠松江市殿町43 🚌カラコロ工房前巴士站或京橋巴士站即到 🕐9:30～18:30（餐廳為11:30～23:00‧依各體驗教室而異）🚫無休（各教室時間需洽詢）🅿10輛

體驗DATA 和菓子製作
期間 全年可	時間 11:00～、14:00～（需一日前預約、週三休）
費用 1080日圓	需時 30分 攜帶用品 無

1 體驗製作「金團」、「練切」各一個。體驗結束後會贈送一個經典著名和菓子「若草」
2 可以近距離感受職人的精巧手藝

STANDARD SPOT CATALOG

庭園茶寮 みな美

ていえんさりょう みなみ

🍴 用餐

位於宍道湖畔旁，古今文人鍾愛的「皆美館」1F的餐廳。可以一邊欣賞受到精心照料的美麗庭園，一邊品嘗島根地當季宴席料理及御膳料理，如提供傳家菜「鯛魚めし」的御膳料理「福」2376日圓等。

☎0852-21-5131(皆美館)　MAP 附錄正面③C3
🏠松江市末次本町14皆美館1F　🚌大橋北詰巴士站步行3分　🕚11:30～14:30LO、17:30～20:30LO　休不定休　席150　P20輛

1 鯛魚鬆、蛋黃、蛋白、辛香料等鋪在飯上再淋上高湯享用的「鯛魚めし」

珈琲館 京店店

こーひーかん きょうみせてん

☕ 咖啡廳

堀川邊京店商店街上的地標。可以一邊眺望眼前來往的遊覽船，一邊悠閒地享用美味的咖啡。提供使用自家烘焙咖啡豆的咖啡館特調咖啡450日圓等。甜點師傅的手工甜點320日圓～，也很適合配著咖啡一起享用。

☎0852-25-0585　MAP 附錄正面③C2
🏠松江市末次本町1-1　🚌京橋巴士站即到　🕚8:00～22:00(週五六、假日前日～23:00)　休無休　席50　P無

1 紅磚瓦牆上鮮綠色的藤蔓恣意攀爬，讓人留下深刻印象。甜點推薦維也納森林410日圓

Patisserie Cuire

ぱてぃすりーきゅいーる

☕ 咖啡廳

連當地人也趨之若鶩的甜點店。使用大量當季水果的水果塔450日圓～，非常有人氣。選好喜歡的甜點後，來到2F的普普風座位區，享受一下甜點師傅親手烘培的美味吧。

☎0852-28-6446　MAP 附錄正面③C2
🏠松江市片原町107　🚌京橋巴士站步行3分　🕚10:00～19:00　休週二　席17　P6輛

1 使用6～7種不同水果的水果塔450日圓，降低甜度的卡士達醬與水果巧妙搭配

artos Book Store

あるとす ぶっくすとあ

🛍 購物

以「食衣住」為主題，西村老闆精選了貼近生活的書籍與雜貨。每個月也會舉辦各式各樣的企劃展與表演、講座等豐富的活動。

☎0852-21-9418　MAP 附錄正面③C2
🏠松江市南田町7-21　🚌JR松江站搭乘松江市營巴士法吉環狀線左線14分、南田町巴士站下車即到　🕚11:00～19:30(週日、假日～19:00)　休不定休　P6輛

1 書籍複合品牌店，於2005年改裝。希望能找到喜歡的書

STANDARD SPOT CATALOG

賣布神社
めふじんじゃ
👆 観光

①

位於新大橋旁。《出雲國風土記》中記載為「賣布社」，俗稱白潟、橋姬。供奉驅邪除煞的速秋津比賣神，擁有讓生命死而復生的能力，自古便有眾多信徒。

☎0852-24-3698 MAP附錄正面③C3
🏠松江市和多見町81 🚉JR松江站步行8分
🕐🈚🈷自由參觀 🅿3輛(停滿時需洽詢)

① 神社內的龍形雕刻及松平不昧親筆題字的「御神詠和歌」匾額皆為其魅力所在

袖師窯
そでしがま
🛍 購物

①

明治10年（1877）開業的陶窯，第三代老闆曾參加柳宗悅所提倡的民藝運動。現在當家的第五代老闆，追求「用之美」製作實用美觀的陶器。可以免費參觀陶房，還可以體驗彩繪陶器1080日圓～。

☎0852-21-3974 MAP附錄正面④H1
🏠松江市袖師町3-21 🚌袖師町巴士站下車即到
🕐9:00～18:00(體驗為9:30～17:00) 🈷週日不定休
🅿5輛

① 茶杯、餐盤等1080日圓～。堅持使用當地陶土，並以出雲地區的陶法為基礎製陶

①

②

中村茶舖
なかむらちゃほ
🛍 購物

在松江地區屈指可數的茶商品茶享用抹茶的高雅香味

從京都・宇治的中村藤吉總店分家出來，於明治17年（1884）開業。提供招牌薄茶「葵印 中之白」等豐富茶品。可於該店茶室「松吟庵」進行抹茶體驗1000日圓（需預約），並享用彩雲堂（→P82）、風流堂（→P82）的和菓子。

☎0120-012-455 MAP附錄正面③C3
🏠松江市天神町6 🚉JR松江站步行10分
🕐9:00～18:00 🈷1月1日～4日 🅿10輛

① 松平不昧命名「葵印 中之白」30g 1296日圓～、松平直政命名「葵印 一之白」30g 1620日圓～ ② 三張塌塌米大的茶室「松吟庵」 ③ 位於松江天神町商店街上。可預約參觀抹茶工廠（免費）

STANDARD SPOT CATALOG

美保神社

みほじんじゃ

👆 觀光

③

**掌管商業繁榮及航海安全
日本全國惠比壽神的總本宮**

供奉掌管商業繁榮的七福神之一惠比壽神（事代
主神），為日本全國3385間神社的總本宮。正
殿為2棟大社造並排的美保造建築樣式。神殿是
由建築師伊東忠太設計。

① 正殿右側供奉三穗
津姬，左側供奉惠比
壽神 ② 神門及迴廊
皆值得一看 ③ 參道
連接佛谷寺之間的青
石步道約長250m

☎0852-73-0506 ᴹᴬᴾ附錄背面⑩E1
🏠松江市美保關町美保關608 ❗️JR松江站搭乘一
畑巴士往美保關方向43分，美保關ターミナル下
車。轉乘美保關巡迴巴士美保關線28分，美保神
社入口巴士站下車即到 🈚🈯🈲自由參觀 🅿利用
當地免費停車場

佐太神社

さだじんじゃ

👆 觀光

①

《出雲國風土記》、《延喜式》中記載到的古
社，大社造建築樣式的神社3棟並排，為日本
國內稀少的正殿樣式。眾多神事中的「佐陀神
能」於每年9月24、25日舉行，被譽為出雲派
祭神歌舞的起源。

☎0852-82-0668 ᴹᴬᴾ附錄背面⑩D2
🏠松江市鹿島町佐陀宮內73 ❗️JR松江站搭乘一
畑巴士惠曇方向26分，佐太神社
前巴士站下車步行3分
🈚🈯🈲自由參觀 🅿50輛

① 正殿被指定為國家重要文化
財產。後面的攝末社田中神社
也是其中一個能量景點

由志園

ゆうしえん

👆 觀光

①

以「出雲的庭園」為主題的池泉週遊式日本庭
園，佔地約有1萬坪。牡丹、紫藤花、菖蒲花
等百花隨四季變換於園中綻放。

☎0852-76-2255 ᴹᴬᴾ附錄背面⑩D2
🏠松江市八束町波入1260-2 ❗️JR松江站搭乘一
畑巴士往松江漁港直達巴士25分、由志園巴士站
下車即到(1日7往返) 💴門票800日圓 🕘9:00~
17:00(秋天夜間鑑賞會期間為
~21:00) 🈲無休 🅿300輛

① 4月中旬開始為牡丹的花期。
4月下旬到5月初舉辦的「池泉
牡丹」賞花會景色非常壯觀

☕ 咖啡廳

ギャラリー
木空風＆
カフェ・ドリ
ぎゃらりー
こくふあんど
かふぇどり

座落於綠葉成蔭的山丘上，將充滿雅趣的茅草屋古民家改建成咖啡廳。老闆同時也身為一位陶藝家，盛裝在老闆手作陶器中的午間套餐每天限量15份。大量使用當季山產，於地爐炊煮的羽釜飯連鍋巴都香味四溢。

☎090-2803-4580　MAP 附錄背面⑩D3
🏠松江市東忌部町1514　🚌JR松江站車程30分
🕐11:00～15:00LO　休週日～
週三；1、2月　🅿30　P10輛

1 山間午饗1200日圓建議提前預約。陶藝與釜烤Pizza等體驗教室也會不定期舉行

☕ 咖啡廳

喫茶クリフネ
きっさくりふね

美保神社（→P103）的參道咖啡廳。使用間接照明的雅緻空間內，提供自製甜點、當地咖啡豆店烘培咖啡450日圓～等餐點。據說美保神社的惠比壽神不吃蛋，該店的蛋糕等也因此而不放雞蛋，十分特殊。

☎0852-73-0788　MAP 附錄背面⑩E1
🏠松江市美保関町美保関602　🚌美保神社入口巴士站下車即到　🕐9:00～
17:00　休週三　P22　P無

1 Pizza吐司套餐700日圓（附沙拉、咖啡），吐司是以米粉製作

☕ 咖啡廳

café celeste
かふぇ ちぇれすて

1 火山灰地質的大根島上的獨棟咖啡廳。讓人彷彿置身於地中海 **2** 核桃塔450日圓與綜合咖啡550日圓

浮在中海上的小島
感受大自然的地中海咖啡

打開窗戶便能看到廣闊的中海。氣候良好的時候會開放露台座位，可在微風徐徐的店內好好放鬆。店內空間以骨董裁縫車與北歐古典家具等營造氛圍。招牌黃豆粉瑞士捲與濃厚巧克力蛋糕等，千萬別錯過了用心烘培的手工甜點。

☎0852-76-3668　MAP 附錄背面⑩D2
🏠松江市八束町波入1453-1　🚌由志園巴士站步行10分　🕐11:00～18:00　休週二、三（逢假日則營業）、1～2月　P16　P5輛

mytrip +more!

更多想去的地方・想做的事情

造訪出雲・松江時，務必加入行程安排的
區域、景點介紹，在此一併附上。

▷ 旅行一點靈 ◁

先從松江前往米子

沿死JR山陰本線松江端附近，每
小時1〜2班的特急「やくも」、
「まつかぜ」、「おき」，25分鐘可
以到米子站。將米子作為遊玩鳥
取縣的起點站。

鳥取縣內的鐵路

區域之間的移動以搭乘JR山陰
本線。視乘車的距離，來區分使
用特急、快速或是普通車。鳥
取〜米子之間距離長，以特急列
車較方便。

循環巴士也很方便

路線巴士有從鳥取・倉吉・米子
各站出發的路線。循環境港區域
的はまるーぷ巴士；繞行鳥取市
觀光名勝的ループ麒麟獅子等都
值得利用。

詳細交通資訊請見 → P.123

日本海

畑電車　境港　松江　JR境線　JR山陰本線　岩美

出雲市　鳥取縣　大山　米子　倉吉　鳥取　若桜鐵道

島根縣　JR伯備線　JR木次線　岡山縣　兵庫縣　鳥取道

鳥取工藝品×美食巡禮①

來陶窯欣賞器皿再前往鳥取砂丘
還有日本海的美景與海鮮都讓人期待！

如同鳥取民藝一詞所示，不管是製陶、手工和紙、染織等，鳥取縣的工藝至今都相當興盛。
來到鳥取縣東部兜風，看看山間的陶窯以及鳥取民藝名人吉田璋也的淵源深厚之地吧。

COMMENTED BY 竹中聰 WRITER

①

是這樣
的地方

Start

②

JR鳥取站

とっとり～いわみ
鳥取～岩美

與鳥取民藝頗有淵源的器皿及陶窯
日本海的豐富海產也不容錯過

鳥取砂丘位於縣政府所在的鳥取
市及谷灣式浦富海岸的美麗岩美
町中間。與參與民藝運動的吉田
璋也頗有淵源的景點及海鮮美食
等都讓人期待。

☎0857-72-3481（岩美町觀光協會）
☎0857-22-3318（鳥取市觀光服務處）
MAP 背面⑩K1-2

くらふとかん いわいがま
① クラフト館 岩井窯

位於1300年以上歷史的岩井溫泉附近、一片綠
葉成蔭的山間裡，是岩井窯陶主山本教行的陶藝
工坊。現在設有3棟設施，展示作品與收藏品的
參考館與作品展示室、咖啡廳「喫茶HANA」
以及餐廳「食事処 花」。山本老師從不自稱為
陶藝家，總是說自己「只是燒東西的人」而
已。作品多為發揮「用之美」精神的器皿，也十
分貼近現代的生活。

1 參考館除了山本老師自身的
作品外，還有匯集許多收藏
品，像是一座博物館 2 設施
內另設有登窯

☎0857-73-0339
MAP 附錄背面⑩K1
🏠岩美町宇治134-1 🚍JR鳥
取站搭乘日交巴士往岩美・岩
井溫泉方向1小時5分、岩井溫
泉巴士站步行15分 🕙10:00
～16:00 🔴週一、二（逢假日
則營業、有臨時休館）🅿12輛

WHAT'S "TOTTORI CRAFTS?"

欣賞各式各樣的器皿時，可以一邊思考要用來盛裝什麼，也是一番樂趣

主棟是陶藝工坊及展示廳，除了山本老師的代表作品外，其子山本洋、以及弟子們的作品也有展出

雙耳平陶鍋
（小）32400日圓

山本老師的代表作，適合蒸煮料理。把手的造型及鍋的深度等都經過設計，使用上相當順手

鹽釉杯
S2160日圓 M2484日圓 L2700日圓

未來接班人山本洋的作品。S尺寸的杯子也很適合用於吃蕎麥麵時沾取醬汁用

以美好的器皿享用日本茶&餐點

きっさはな
喫茶 HANA

附設咖啡廳，將日本茶盛裝在山本老師的作品中提供給客人享用。除了蜜豆等日式甜點外，還有陶鍋韓式拌飯1100日圓、腐皮鹹粥900日圓等午餐選擇。

☎️🕐休 同クラフト館　岩井窯
使用阿波和三盆糖老店岡田製糖所的和三盆糖製作特製蜜豆550日圓。餐盤與甜點十分相配

しょくじどころ はな
食事処 花

餐廳是由山本老師的夫人來擔任主廚。以豐富的當地食材為主，提供全餐料理。原則上一天限定一組客人，需提前4天預約。

☎️🕐休 同クラフト館 岩井窯
午餐為一人6480日圓～，晚餐8640日圓～。都只接待最多10人

TOUJOURS
とうじゅーる

由遵循傳統的稻木師傅用心烘培的法式點心及西點。抱持著「想把身邊的東西都變美味」的精神，因此院子裡的香草與莓果也拿來製作果醬等。週末不時會有石窯現烤麵包出爐（需洽詢）。

☎0857-73-5070 MAP 附錄背面⑩K1 🏠岩美町岩本688-45 🚉JR大岩站步行10分 🕙10:00～18:30 🈺週三、不定休 🅿3輛

1 位於住宅區內。現採新鮮水果所做的醬也很適合當伴手禮 2 豪華哈密瓜麵包1個250日圓 3 米布丁360日圓、微苦檸檬蛋糕400日圓、卡布奇諾蛋糕450日圓

③ 鳥取砂丘
とっとりさきゅう

南北寬約2.4km，東西長約16km，為世界地質公園認定的海岸沙丘。踏著沙爬到最頂端「馬之背」上面，可以欣賞到絕對不能錯過的壯觀景緻。入口旁的鳥取砂丘公園資訊中心有提供拖鞋的免費租借及導覽服務（需付費）。

☎0857-22-3318（鳥取市觀光服務處）MAP 附錄背面⑩K2 🏠鳥取市福部町湯山 🚉JR鳥取站搭乘日ノ丸巴士、日交巴士砂丘線22分、鳥取砂丘（砂丘会館）巴士站下車即到 🕙自由參觀 🅿利用鳥取市營停車場320輛（1次500日圓）

1 站在「馬之背」上，眼前湛藍的海洋廣闊無際 2 可於砂丘入口旁乘坐駱駝遊覽砂丘並拍攝紀念照（☎0857-23-1735）

當時在吉田老師的努力下牛之戶燒才得以傳承到現代。鳥取市河原町的牛之戶燒餐具組等

④ 鳥取民藝美術館
とっとりみんげいびじゅつかん

此處是由出生於鳥取縣的醫生—吉田璋也在投入民藝運動後，於昭和24年（1949）所開設。展示出山陰地區的工藝品及世界各地的手工藝道具等約5000件收藏品。展示內容每半年會做一次更換，也會不定期舉辦企劃展。

☎0857-26-2367（ものとくらし たくみ工芸店）MAP 附錄正面⑥B2 🏠鳥取市栄町651 🚉JR鳥取站步行5分 🎫門票500日圓 🕙10:00～17:00 🈺週三（逢假日則翌日）🅿無

5

ものとくらし たくみこうげいてん
ものとくらし たくみ工芸店

位於鳥取民藝美術館旁，是日本美術館周邊商品店的開山始祖。販賣鳥取縣內的陶藝作品、島根縣的出西窯作品，還有與吉田璋也友好的陶窯作品等。記得不要錯過產品設計師‧柳宗理所設計的餐具及刀叉等。

☎0857-26-2367 MAP 附錄正面⑥B2
🏠鳥取市栄町651 ‼JR鳥取站步行5分 🕐10:00～18:00
🈺週三(逢假日則翌日) Ｐ無

為日本首間民藝品商店而聞名。也有販賣吉田老師設計的工藝品，如麵包刀9600日圓等

Goal → JR鳥取站

建議用餐選擇…

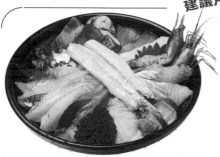

小奢華海鮮蓋飯1680日圓，放了10種以上的海鮮。使用鳥取縣產有機米

たいき
鯛喜

老闆以前經營魚店，挑選海鮮的眼光精準。海鮮蓋飯不用醋飯，而是使用讓海鮮原味能夠充分發揮的白米飯。

☎0857-26-3157 MAP 附錄背面⑩K2
🏠鳥取市福部町湯山2164-449 ‼鳥取砂丘(砂丘会館)巴士站即到 🕐10:00～14:00LO 🈺週四 🈳10 Ｐ無

たくみかっぽうてん
たくみ割烹店

小火鍋的始祖涮涮鍋4120日圓～，可以品嘗到富山蝦的美味。富山蝦不提供出口，只有在鳥取縣內才吃得到。

☎0857-26-6355
MAP 附錄正面⑥B2
🏠鳥取市栄町652 ‼JR鳥取站步行5分 🕐11:30～14:00、17:00～22:00 🈺第3週三(8、12月無休) 🈳70 Ｐ無

味道鮮美及Q彈口感的富山蝦，鹽燒富山蝦、富山蝦生魚片各1600日圓。盛裝料理的餐盤是選用鳥取縣的民藝品

Start
JR鳥取站 ─車程30分─ ① クラフト館 岩井窯 ─車程15分─ ② TOUJOURS ─車程15分─ ③ 鳥取砂丘 ─車程10分─ ④ 鳥取民藝美術館 ─步行即到─ ⑤ ものとくらし たくみ工芸店 ─步行5分─ *Goal* JR鳥取站

鳥取工藝品×美食巡禮②

來到白壁土藏風貌的倉吉
遇見美好手工藝品

來到鳥取縣中部的城下町‧倉吉市，可享受玉川邊一整排的白壁土藏建築與復古風情的街景散步。
從JR倉吉站玩到觀光區‧白壁土藏建築群周邊，還有許多當地藝術家的作品及美食值得去探索。

COMMENTED BY 竹中聡 WRITER

經過老闆改裝的公寓其中一間房間陳列了
許多生活雜貨

くらよし
倉吉

成排的白壁土藏
漫步於城下町老街

倉吉市從前是打吹城的城下町，繁盛一時。打吹地區的玉川川邊還保留了江戶時代到明治時代建造的白壁土藏（倉庫）與商店，被指定為國家重要傳統的建造物群保存地區。復古風情的老街上，從1號館到16號館的赤瓦樓匯集了許多深具個性的小店等。

☎0858-22-1200（倉吉白壁土藏群觀光服務處）
ᴍᴀᴘ 附錄正面⑦ ‖JR倉吉站搭乘日ノ丸巴士或日交巴士市內線12分、赤瓦‧白壁土藏巴士站下車

是這樣
的地方

Start

JR倉吉站

よいいすとにちようひんと、はっちかぐてん
良い椅子と日用品と、
ハッチ家具店

店內陳列了老闆手工的木質家具及老闆娘精心挑選的生活雜貨。不僅有當地陶窯—國造燒出品的時尚器皿，也網羅了國外製作的特色商品。

1 國造燒茶壺7020日圓與茶杯
1620日圓 2 木盤1300日圓、吐
司盤1620日圓等

☎0858-24-5523
ᴍᴀᴘ 附錄背面⑩H2
🏠倉吉市伊木213-11 木アパート10号室‖JR倉吉站步行15分
🕙10:00～18:00 休週一
Ⓟ5輛

赤瓦
あかがわら

打吹地區的味噌倉庫及醬油倉庫改建而成的綜合設施，現今增加到16號館。匯集許多獨具風格的商店、當地工藝品店、咖啡廳、餐廳等。

1 於1號館販賣的打吹公園糰子10根972日圓
2 玉川邊一整排的設施

☎0858-23-6666（赤瓦1號館）
MAP 附錄正面⑦B1 ▲倉吉市新町1
♥♥赤瓦・白壁土藏巴士站下車即到 ●9:00～17:00（因設施而異）休無休（因設施而異）℗利用倉吉市公所觀光停車場約300輛

打吹公園
うつぶきこうえん

位於打吹山腳的公園，是櫻花與杜鵑花的賞花勝地。被選入「日本賞櫻名所100選」，園內的飛龍閣也被選為國家登錄有形文化財。另設有可愛動物區，有猴子和天竺鼠等小動物。

1 春天來臨時園內的櫻花盛開綻放，也會舉辦櫻花祭 2 公園入口附近的羽衣池上有一座朱紅色的太鼓橋，景緻十分宜人

☎0858-22-1200（倉吉白壁土藏群觀光服務處）MAP 附錄正面⑦B2 ▲倉吉市仲ノ町 ♥♥JR倉吉站搭乘日交巴士市內線17分、市役所・打吹公園入口巴士站下車即到 ♥♥♥自由參觀 ℗利用倉吉市公所觀光停車場約300輛

キッチンカフェ 天女のいずみ
きっちんかふぇ てんにょのいずみ

觀光服務處所在的赤瓦10號樓中，保留了彈珠汽水工廠氛圍的復古咖啡廳。地產地銷為概念的天女午間套餐，使用大量當地食材，很受歡迎。

1 挑高的店內充滿開闊感，讓人感到身心舒暢 2 天女午間套餐1000日圓，包含野菜及箱押壽司等豐富食材（需預約）

☎0858-22-1200（倉吉白壁土藏群觀光服務處）
MAP 附錄正面⑦C1 ▲倉吉市魚町2568 ♥♥赤瓦・白壁土藏巴士站步行5分 ●9:00～17:00 休週四 ℗22 ℗利用倉吉市公所觀光停車場約300輛

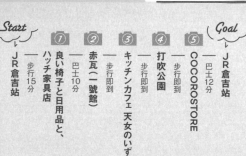

COCOROSTORE
こころすとあ

老闆為當地人，推廣山陰地區的藝術家及職人所創作的工藝品。當地陶窯出品的器皿、因州和紙、智頭町・大塚刃物鍛治的刀具等皆不可錯過。

1 位於打吹地區 2 智頭・兔工房的裁縫箱7500日圓、浮造刷小箱3500日圓 3 兔工房的精層紙名片夾3000日圓

☎0858-22-3526 MAP 附錄正面⑦C1
▲倉吉市魚町2516 ♥♥赤瓦・白壁土藏巴士站步行3分 ●10:00～18:00 休週三 ℗利用倉吉市公所觀光停車場約300輛

Goal

JR倉吉站

Start
① JR倉吉站 —步行15分— 良い椅子と日用品と、ハッチ家具店
② 赤瓦（一號館） —巴士10分—
③ キッチンカフェ 天女のいずみ —步行即到—
④ 打吹公園 —步行即到—
⑤ COCOROSTORE —步行即到—
Goal JR倉吉站 —巴士12分—

② 赤瓦（一號館）
良い椅子と日用品と、ハッチ家具店 ①
Start & Goal
三明寺古墳
⑤ COCOROSTORE
③ キッチンカフェ 天女のいずみ
④ 打吹公園
打吹山

鳥取工藝品×美食巡禮③

名山——大山山麓
到鳥取縣西部的中心地——米子

鳥取縣西半邊有山有水，山明水秀的風光是其魅力。從山陰地區唯一名山‧大山旁綠草如茵的
高原地區到米子的中心地區，車程約30分。景點滿載的1day兜風行程。

COMMENTED BY 竹中聰 WRITER

天晴時，植田正治攝影美術館前水平如鏡的人工池會倒映出
大山的山景於池面上

だいせん～よなご
大山～米子

是這樣
的地方

高原地區與商業都市山邊、
海邊，城市的樣貌搖身一變

自古為靈山之一的大山，標高1729m。其山
麓處的高原區擁有許多景點。豐沃土壤孕育出
的山間美味也是必嘗美食之一。米子為鳥取縣
西半邊的現代商業都市，同時一部分街道也留
有江戶時代的風情。欲自駕兜風可於此地租車
十分方便，也可選擇搭乘大山巡迴巴士。

☎0859-37-2311（米子市觀光協會）
☎0859-68-4211（伯耆町商工觀光課）
MAP 附錄背面⑩E2-F3

Start
JR米子站
①

①

②

うえだしょうじしゃしんびじゅつかん
植田正治攝影美術館

世界知名攝影師——植田正治為
鳥取縣人，該美術館收藏並展示
其攝影作品。獨特美感的作品
中，也有部分以鳥取縣為舞台。
天晴時人工池上的「大山倒影」
也不容錯過。

1 美術館周邊商品也深具魅力 2
得到世界肯定的攝影師的作品們

☎0859-39-8000 🏠伯耆町須
MAP 附錄背面⑩F3 🏠伯耆町須
村353-3 🚌JR米子站搭乘伯備
線14分、岸本站下車、車程5分
💰門票900日圓 🕘9:00～
17:00 🚫週二（逢假日則翌日）、
12～2月（冬季休館）🅿100輛

大山まきば みるくの里
だいせんまきば みるくのさと

因白玫瑰牛奶而知名的大山乳業農協所直營的商店及餐廳。除了販賣豐富的乳製品外，還有很多人為此而來的必吃牛奶霜淇淋。

1 位於大山放牧場中，高聳的大山就近在眼前
2 最受歡迎的みるくの里特製霜淇淋350日圓

☎0859-52-3698 附錄背面⑩F3 伯耆町小林水無原2-11 JR米子站搭乘伯備線14分、岸本站下車，車程20分 10:00～17:00(餐廳為～16:15、夏季有延長營業) 3月中旬～12月上旬營業、期間中第2、4週二休(逢假日則營業) 154輛

コウボパン 小さじいち
こうぼぱん こさじいち

將有機葡萄乾和米發酵自製酵母，並使用當地產的自製全麥麵粉烘培麵包。位於旁邊的咖啡廳內，可以品嘗到充滿麥香的麵包等酵母午間套餐。

1 只添加鹽的鄉村麵包378日圓等 2 酵母午間套餐1200日圓，全部食材都使用酵母製成 3 可以眺望大山景色的店門口

☎0859-68-6110 附錄背面⑩F3 伯耆町金屋谷1713-1 JR米子站搭乘伯備線14分、岸本站下車，車程18分 11:00～16:00 週日～二、1～3月(冬季休業) 6輛

今井書店錦町店 青杏＋
いまいしょてんにしきちょうてん せいあんぷらす

以不跟隨流行、用心生活為主題，匯集了鳥取縣內陶窯的器皿、因州和紙、木製品等手工藝品。與東京‧代官山的手帕專賣店「かまわぬ」聯名推出鳥取花紋手帕也很可愛。

1 青杏＋的手帕1條1080日圓，共有3種花紋 2 書店內一處陳列器皿及雜貨等 3 鳥取市‧信夫工藝店的12生肖1個648日圓

☎0859-37-6700
附錄正面⑧A1 米子市錦町3-90 今井書店錦町店內 JR米子站搭乘境線7分、JR後藤站步行5分 10:00～24:00 無休 100輛

Goal

JR米子站

Café Dining Lounge THE PARK
かふぇ だいにんぐ らうんじ ざ ぱーく

將位於市區已有200年以上歷史的和服店改裝而成，集合了咖啡廳、商店等的複合式商場。咖啡廳西點師傳精心製作的法式吐司也十分推薦。

1 咖啡廳店內寬敞。莓果繽紛法式吐司880日圓等很受歡迎
2 靠近鬧區的複合式商場很有人氣

☎0859-21-3355 附錄正面⑧A2 米子市東倉吉町56 JR米子站轉乘日ノ丸巴士、日ノ丸巴士往皆生溫泉方向6分、東倉吉町巴士站下車步行3分 11:30～22:30LO(週五六、假日前日為～23:30LO) 無休 70 無

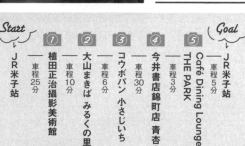

好可怕？好可愛？
境港水木茂之路

境港是《鬼太郎》等漫畫的作者知名漫畫家——水木茂老師的故鄉。
來見一見雖然恐怖卻又討人喜歡的妖怪們，再到港町品嘗美味的海鮮吧♪

COMMENTED BY 竹中聡 WRITER

みずきしげるろーど
水木茂之路

參觀時間約
120分

從車站前開始長約800m
不可思議的妖怪世界

鬼太郎列車行進的境線終點站JR境港站前面的水木茂之路上，有153座的妖怪青銅像，滿街都是妖怪景點。還有妖怪商品店、美食餐廳等，一直延伸到水木茂紀念館一整條的妖怪大街。

☎0859-47-0121（境港市觀光服務處）　[MAP] 附錄背面⑨
🚶JR松江站搭乘山陰本線鳥取方向特急24分，米子站轉乘境線45分，JR境港站下車即到　※鬼太郎列車為1小時一班。詳情請洽（JR米子支社營業課☎0859-32-8056）

←JR境港站

Ⓑ **妖怪神社**

Ⓐ **千代むすび酒造 岡空本店**

ちよむすびしゅぞう おかぞらほんてん
千代むすび酒造 岡空本店

Ⓐ

於慶應元年（1865）開業。使用鳥取縣產的夢幻逸品「強力」等酒米釀造日本酒。以《鬼太郎》的人氣角色為主題的日本酒及燒酒等，也很適合當作伴手禮。

1 本釀造辛口一反木棉300ml 864日圓，瓶身上畫有一反木棉妖的插圖充滿設計感 2 使用鳥取縣產的夢幻釀酒米「強力」，並研磨50%後釀造而成的強力50純米吟釀720m1620日圓，可以感受其烈酒的威力

☎0859-42-3191　[MAP] 附錄背面⑨A1
🏠境港市大正町131　🚶JR境港站步行3分　🕘9:00～17:00（茶房為10:00～16:30）　休無休　🅿20輛

ようかいじんじゃ
妖怪神社

Ⓑ

世界少見的祭祀妖怪的神社。供奉的神體黑色花崗岩與樹齡300年的櫸木為水木老師親自迎接神明附體的。由妖怪機器人運送過來的「妖怪籤」200日圓也很有名。

1 於「眼球爺爺手水舍」洗好手後，以二禮二拍手一禮來參拜妖怪們
2 一反木棉妖造型的獨特居為神社的招牌標誌。日本全國的妖怪們大集合的能量景點

☎0859-47-0520（アイズ）
[MAP] 附錄背面⑨B1　🏠境港市大正町62-1　🚶JR境港站步行5分　🕘自由參觀（妖怪籤為9:00～18:00，可能變動）　🅿無

鬼太郎 妖怪倉庫

げげげのきたろう ようかいそうこ

位於水木茂之路北側的"鬼太郎之筋"上，為妖怪能量景點之一。約100m長的陰暗倉庫裡，約有30隻的妖怪們會前來表示歡迎。像鬼屋一般的妖怪倉庫，要小心妖怪們的惡作劇哦!?

1 昏暗的倉庫是妖怪們的藏身處。館內3處的「心之祠堂」皆可蓋章，據說蒐集齊全兌換到的獎品有助開運
2 倉庫牆上有水木老師的親筆畫也別錯過

☎0859-21-7749 📖附錄背面⑨B1
🏠境港市大正町38 🚉JR境港站步行5分
💴門票700日圓 🕙10:30〜19:00(冬季為〜17:00) 🈚無休 🅿無

鬼太郎的妖怪樂園

げげげのようかいらくえん

匯集了受到當地歡迎的「妖怪茶屋」漢堡店、重現廟會光景的「妖怪廟會小屋」等，為一座妖怪主題樂園。也有許多原創周邊商品及裝置藝術等。

1 高大的「餓者髑髏」很醒目，一反木綿溜滑梯等，有許多可以看到可以玩的有趣妖怪裝置藝術 2 境港‧深海紅雪蟹漢堡600日圓在當地很有人氣

☎0859-44-2889 📖附錄背面⑨C1
🏠境港市栄町138 🚉JR境港站步行10分 💴免費入園
🕙9:30〜18:00(妖怪茶屋為〜17:00LO、可能變動) 🈚無休 🅿無

鬼太郎 妖怪倉庫

Ⓓ 神戸ベーカリー
水木ロード店

Ⓔ 鬼太郎的
妖怪樂園

Ⓕ 水木茂
紀念館

神戸ベーカリー 水木ロード店

こうべベーかりー みずきろーどてん

水木茂之路開通時推出以鬼太郎家族為造型的麵包系列。不同角色會有不同口感與內餡，嘗試不同口味也是樂趣十足。

1 鬼太郎、臭鼠人、貓女等家族大集合共7種的鬼太郎麵包系列1個216日圓（一反木棉麵包1個130日圓）。原創紙盒的全口味盒裝1500日圓。可內用

☎0859-44-6265 📖附錄背面⑨B1
🏠境港市松ヶ枝町31 🚉JR境港站步行6分
🕙9:00〜18:00 🈚週一(逢假日則翌日) 🅿無

水木茂紀念館

みずきしげるきねんかん

貸本漫畫家（於租書店發行）時代的作品到親筆描繪的壁畫等，展示出水木茂老師珍貴的收藏資料。妖怪們的立體模型與裝置藝術充滿魅力。運氣好的話也許會在紀念館前廣場遇見鬼太郎們哦!?

1 境港妖怪世界的大本營。2F有逼真的妖怪立牌列隊歡迎 2 「妖怪洞窟」裡有許多妖怪立體模型與七彩變換的燈光，營造出不可思議的奇幻氛圍

☎0859-42-2171 📖附錄背面⑨C1 🏠境港市本町5 🚉JR境港站步行10分 💴門票大人300日圓、國高中生200日圓、小學生100日圓 🕙9:30〜17:00(夏季為〜18:00、售票至閉館30分前) 🈚無休 🅿無

115

妖怪雜貨大集合...

ようかいがまぐち
妖怪がまぐち

普普風店內擺放了一整排的口金包。黃黑條紋的鬼太郎背心花紋等，混合了日式傳統與妖怪特色設計出的花紋口金包很受歡迎。尺寸與款式上都有豐富的選擇，還有販賣相同花樣的雙肩背包等。包包內側也有妖怪出沒!?

☎0859-42-3311
MAP 附錄背面⑨C1 🏠境港市松ヶ枝町56-2 🚃JR境港站步行9分
🕘9:30～17:30（有季節性變動）
休無休 P無

1 眼球爺爺牙籤筒648日圓，除牙籤外也可收納印章、筆具等 2 紅白兩色的水泥牆手提袋各1944日圓，短短的手跟腳配上慵懶的表情非常可愛

1 妖怪模型1座2000日圓～，是野野村老師使出渾身解數的力作。有全部鬼太郎家族成員 2 純手工製作的手機吊飾500日圓～

1 黃黑條紋的鬼太郎背心花紋搭配眼球爺爺的親子錢包2500日圓 2 可當小收納包的兩用雙肩背包3250日圓，以黑底搭配一反木棉的花紋

ようかいしょっぷ げ・げ・ゲ
妖怪ショップ
ゲ・ゲ・ゲ

日本全國各地都有眾多支持者的妖怪商品職人野野村老師親手製作的妖怪商品，有精巧的妖怪模型、可愛的Q版商品等種類相當豐富。店內裝潢的妖怪裝飾也全是手工製作。

☎0859-42-2259
MAP 附錄背面⑨B1 🏠境港市大正町67 🚃JR境港站步行5分
🕘8:00～18:00 休無休 P無

きたろうのさとわたなべ
鬼太郎の里
わたなべ

只有在此處販賣的老闆渡邊先生自製的獨家妖怪商品。提供許多糖果色的普普風商品，其中水泥牆色的普普牆手提袋大受歡迎，還有時常售罄的眼球爺爺牙籤筒也十分可愛。

☎0859-42-2189
MAP 附錄背面⑨C1 🏠境港市松ヶ枝町61 🚃JR境港站步行15分
🕘9:00～18:00 休無休 P無

來這吃美食…

ごはん屋漁火
ごはんやいさりび

使用境港與美保灣的新鮮食材製作的料理很受好評。使用3隻半松葉蟹的松葉蟹全餐1人份10500日圓（11〜3月、需預約）很有人氣。還有提供種類豐富的海鮮蓋飯。

☎0859-42-6039
MAP 附錄背面⑩E2 　境港市上道町2075-4　JR境港站搭乗はまる一ぶ巴士主線右線12分、境港警察署巴士站下車步行3分
●11:00〜14:30、17:00〜19:30（食材用完即打烊）　休週四、週三晚餐　席42　P30輛

1 放上1整隻的松葉蟹肉與蟹膏的松葉ガニ丸ごと井3300日圓（11〜3月限定）。享受份量十足的蟹肉美味

1 放滿蟹肉的螃蟹燴飯980日圓，是該店的原創料理，受到很多當地人喜愛。淋上熱騰騰的高湯享用

旬の漁師料理 和泉
しゅんのりょうしりょうり いずみ

從前為漁夫的老闆除了在魚市場外，還會直接在剛上岸的漁網上挑選漁貨。提供蓋飯、定食、功夫菜等，可以品嘗到超級新鮮的海鮮料理。碎剁鮮魚泥600日圓等的漁夫料理，包含了老闆多年的海上功夫在裡面。

☎0859-42-3102
MAP 附錄背面⑨C1　境港市本町19　JR境港站步行9分
●11:00〜14:00、17:30〜22:00　休週四　席23　P2輛

1 對於新鮮度與美味都極具自信。厚切5種當季鮮魚搭配海膽、螃蟹、鮭魚卵的大漁井2000日圓，讓人想要大快朵頤一番

磯の味処 さかな工房
いそのあじどころ さかなこうぼう

雖位於市郊，但還是有許多當地人驅車前來品嘗老闆的海鮮料理。包含生魚片、燉煮魚等定食只使用境港現撈的當季魚類（視情況變動菜單）。全餐2700日圓〜，親民的價格也是其魅力所在。

☎0859-44-6344
MAP 附錄背面⑩E2　境港市外江町2415-4　JR境港站車程5分
●11:00〜14:00LO、17:30〜21:30LO　休週一、第1週二（●休可能變更）　席48　P20輛

GOOD TO SLEEP

價格可愛&安心的住宿指南

ぐりーんりっちほてるいずも
GREEN RICH酒店 出雲

2014年10月開幕，追求舒適、高品質的飯店。使用日本傳統配色的客房，營造出符合神話國度的「出雲」氛圍且令人放鬆的空間。客房內使用高密度的彈簧床墊等重視機能的訂製寢具。館內也設有人工溫泉大浴場。

☎0853-25-3300 📍附錄正面④C3
🏠出雲市今市町1489-2 🚉JR出雲市站步行8分 ⚥單人房6500日圓～、雙床房10 500日圓～ 🕐IN15:00/OUT11:00 🅿60輛（一晚540日圓）

ホテルリッチガーデン
HOTEL RICH GARDEN

飯店內有美麗的日式庭園，庭園旁的客房可以欣賞到四季轉換的雅緻風景。設有桑拿的男用大浴池，以及選用黑鉛珪石的沓厘島風岩盤浴給女性客人專用。

☎0853-25-3356 📍附錄正面④C4
🏠出雲市天神町860-10 🚉JR出雲市站搭乘一畑巴士医大土塩治車庫線6分、天神団地入口巴士站下車即到 ⚥單人房4500日圓～、雙床房12500日圓～ 🕐IN15:00/OUT10:00 🅿70輛

たけのや
竹野屋

位於勢溜的大鳥居旁。可以選擇附早餐或是純住宿等方案，也很歡迎獨自旅行的一人旅客。開業已有140年的老旅館，館內舒適讓人放鬆。現在客房翻新裝修中，預計於2016年8月左右完工。建議可網上訂房。

☎0853-53-3131 📍附錄正面②A2
🏠出雲市大社町杵築南857 🚉正門前巴士站即到 ⚥純住宿8200日圓～ 🕐IN15:00/OUT10:00 🅿50輛

ツインリーブホテル出雲
Twin Leaves Hotel Izumo

位於JR出雲市站、一畑電車電鐵出雲市站旁。很適合作為觀光據點。有多種個性化的客房選擇，如附有「POLA」保養組合的女仕客房、搭配紓壓道具的好眠客房等。提供20幾種日式及西式料理的自助餐早餐也很受歡迎。

位於交通便利的好位置，也備有停車場。很適合首次來到出雲的旅客

☎0853-30-8000 📍附錄正面④C3
🏠出雲市駅北町4-1 🚉JR出雲市站、一畑電車電鐵出雲市站即到 ⚥單人房7410日圓～、雙床房14100日圓～ 🕐IN15:00/OUT10:00 🅿100輛（一晚300日圓）

マリンタラソ出雲
MARINE THALASSO IZUMO

可以享受到海洋護理療法的游泳池及保養療程。房客可以免費使用設施豐富的溫海水水療游泳池。全客房皆為海景，並附設海景陽台。可以欣賞到日本海的美景。

☎0853-86-7111 📍附錄背面⑩A3
🏠出雲市多伎町多岐859-1 🚉JR出雲市站轉乘山陰本線小田站（車程20分）步行3分 ⚥單人房8000日圓～、雙床房7000日圓～ 🕐IN15:00/OUT11:00 🅿64輛

ひのでかん
日の出館

位於神門通上，江戶時代開業至今的老旅館。旅館內充滿日式雅緻的氛圍，包含玄關前的庭園、民藝品裝飾的大廳、復古設計的客房等。使用近海海鮮的宴席料理也受到好評。館內的大浴用水是引用地下軟水。

☎0853-53-3311 📍附錄正面②B3
🏠出雲市大社町杵築776 🚉正門前巴士站即到 ⚥1泊附早餐8640日圓～、1泊2食10800日圓～ 🕐IN15:00/OUT10:00 🅿15輛

松江站周邊 ————————————— 商務飯店

ドーミーイン EXPRESS 松江
松江 Dormy INN EXPRESS

全客房皆設有可以邊看電視邊泡半身浴的浴缸。也有提供泡澡枕、香氛精油噴霧器等泡澡用具的租借，很受女生歡迎。早餐提供當地美食出雲蕎麥麵、鮮蜆清湯、鮮蜆飯等料理的日式西式自助餐。

位於車站前，接近鬧區。21:30〜23:00餐廳提供蕎麥麵消夜免費招待房客。

☎0852-59-5489　**MAP**附錄正面③D3
🏠松江市朝日町498-1　🚏JR松江站步行3分　💰單人房5990日圓〜、雙床房11990日圓〜　🕐IN15:00/OUT10:00
🅿37輛（一晚1050日圓）

松江宍道湖溫泉 ————————————— 溫泉旅館

てんてんてまり
てんてん手毬

提供迎賓抹茶、80種可選顏色的浴衣、奈米保濕負離子蒸臉器等，深受女性歡迎的服務。館內客房皆為塌塌米，客房有不同的裝潢特色，可選擇喜歡的風格。使用大量當地食材的晚餐也獲到很多好評。

☎0852-21-2655　**MAP**附錄正面③A3
🏠島根縣松江市千鳥町73　🚏一畑電車松江宍道湖溫泉站步行8分　💰1泊附早餐7710日圓〜、1泊2食13110日圓〜
🕐IN16:00/OUT10:00　🅿12輛

松江宍道湖溫泉 ————————————— 溫泉旅館

ゆうけいこはんすいてんかく
夕景湖畔水天閣

位於絕佳地點，旅館前便是廣闊的宍道湖。設有男女分開的露天溫泉，可以盡情享受湖岸深處湧出的優質溫泉與宍道湖的景緻。客房備有日式及西式風格的豐富選擇。可依需求選擇湖景客房或是價格親民的街景客房。

☎0852-21-4910　**MAP**附錄正面③A3
🏠松江市千鳥町39　🚏一畑電車松江宍道湖溫泉站步行5分　💰1泊附早餐7000日圓〜、1泊2食11000日圓〜
🕐IN16:00/OUT10:00　🅿50輛

松江站周邊 ————————————— 都會型飯店

松江エクセルホテル東急
東急松江卓越大飯店

JR松江站前的都會型飯店，2016年3月全館重新裝修過。設有女性專用樓層女仕客房，提供化妝水、卸妝品、睡衣等用品。早餐為使用島根縣產白米及當地食材的自助餐。

改裝後的客房設備充足舒適。位於鬧區附近，可以度過一個美好的松江夜晚。全客房設有Wi-Fi

☎0852-27-0109　**MAP**附錄正面③D3
🏠松江市朝日町590　🚏JR松江站步行3分　💰單人房11880日圓〜、雙床房23760日圓〜　🕐IN15:00/OUT10:00
🅿30輛（一晚1000日圓）

松江城周邊 ————————————— 都會型飯店

ホテルルートイン松江
HOTEL ROUTE-INN MATSUE

距離JR松江站、宍道湖、松江城各為車程7分鐘左右，位於松江市的中心。早上10點前有前往JR松江站的接駁巴士可以免費利用。客房內色調沉穩，並備有加濕空氣清淨機。早餐提供種類豐富的麵包、湯品等自助餐。

☎0852-20-6211　**MAP**附錄正面③C3
🏠松江市東本町2-22　🚏JR松江站步行15分　💰單人房6350日圓〜、雙床房12500日圓〜　🕐IN15:00/OUT10:00
🅿75輛

松江宍道湖溫泉 ————————————— 度假飯店

ホテル一畑
Hotel Ichibata

宍道湖畔旁的都市型渡假飯店。從西式到日式客房選擇豐富，並設有湖景房，可以欣賞到一早漁夫們捕蜆的風光及傍晚時分被夕陽染紅的湖面等。最高層的展望大浴場可以從大落地窗看到引以自豪的宍道湖全景。

☎0852-22-0188　**MAP**附錄正面③B3
🏠島根県松江市千鳥町30　🚏一畑電車松江宍道湖溫泉站到到　💰單人房8790日圓〜、雙床房15702日圓〜　🕐IN15:00/OUT11:00　🅿150輛

ACCESS GUIDE

前往出雲・松江・鳥取的方式

從東京前往出雲（出雲機場）・松江（出雲機場・米子機場）・鳥取（鳥取機場）皆為飛機最方便。
大阪、名古屋則建議搭乘新幹線轉乘特急。

各地前往出雲・松江・鳥取的交通方式

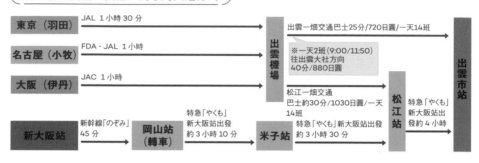

- 東京（羽田） — JAL 1 小時 30 分 → 出雲機場
- 名古屋（小牧） — FDA・JAL 1 小時 → 出雲機場
- 大阪（伊丹） — JAC 1 小時 → 出雲機場

出雲機場 → 出雲一畑交通巴士25分/720日圓/一天14班 → 出雲市站

※一天2班（9:00/11:50）往出雲大社方向 40分/880日圓

出雲機場 → 松江一畑交通巴士約30分/1030日圓/一天14班 → 松江站

松江站 → 特急「やくも」新大阪站出發約 4 小時 → 出雲市站

- 新大阪站 — 新幹線「のぞみ」45 分 → 岡山站（轉車）
- 岡山站（轉車） — 特急「やくも」新大阪站出發約 3 小時 10 分 → 米子站
- 米子站 — 特急「やくも」新大阪站出發約 3 小時 30 分 → 松江站

東京出發也可以利用米子機場、鳥取機場

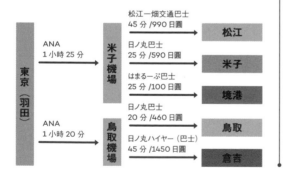

- 東京（羽田） — ANA 1 小時 25 分 → 米子機場
- 東京（羽田） — ANA 1 小時 20 分 → 鳥取機場

- 米子機場 — 松江一畑交通巴士 45 分 /990 日圓 → 松江
- 米子機場 — 日ノ丸巴士 25 分 /590 日圓 → 米子
- 米子機場 — はまる一ぶ巴士 25 分 /100 日圓 → 境港
- 鳥取機場 — 日ノ丸巴士 20 分 /460 日圓 → 鳥取
- 鳥取機場 — 日ノ丸ハイヤー（巴士）45 分 /1450 日圓 → 倉吉

サンライズ出雲

東京站出發的寢台特急列車「サンライズ出雲」，停靠米子・安來・松江・宍道各站，終點站為出雲市站。除包廂寢台外，「寬敞座位」可以蓋上毯子躺平休息，可單憑指定席特急車票乘坐不需額外購票，非常實惠。

設有包廂寢台及寬敞座位。

洽詢處

ANA
（全日空）
☎0570-029-222

JAL
（日本航空）

JAC
（JAPAN AIR COMMUTER）
☎0570-025-071

FDA
（FUJI DREAM AIRLINES）
☎0570-55-0489

出雲一畑交通
☎0853-21-1144

松江一畑交通
☎0852-22-3681

境港市民巴士
☎0859-44-1140

日ノ丸巴士
（米子）
☎0859-32-2123
（鳥取）
☎0857-22-5155

日ノ丸ハイヤー
☎0858-22-3155

一畑巴士
☎0852-20-5205

松江市營巴士
☎0852-60-1111

JR 西日本
☎0570-00-2486

一畑電車
（出雲大社前站）
☎0853-53-2133

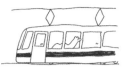

遊逛出雲的方式

出雲地區的移動方式以一畑電車及一畑巴士為主。出雲市站～出雲大社乘坐電車或巴士都在25分鐘左右。
一畑電車也適合在出雲大社前站～松江宍道湖溫泉站之間的移動。

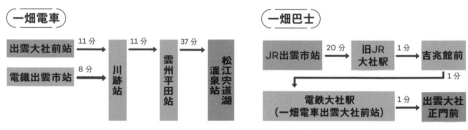

一畑電車

出雲大社前站 →(11分) 川跡站 →(11分) 雲州平田站 →(37分) 松江宍道湖溫泉站

電鐵出雲市站 →(8分) 川跡站

※車資160日圓～（視乘車區間而異）。出雲大社～松江宍道湖溫泉
　為810日圓、一日乘車券1500日圓

一畑巴士

JR出雲市站 →(20分) 舊JR大社駅 →(1分) 吉兆館前

吉兆館前 →(1分) 電鐵大社駅（一畑電車出雲大社前站）→(1分) 出雲大社正門前

※車資150日圓～（按里程計價）。出雲市站～出雲大社正門
　前為500日圓

一畑電車路線圖

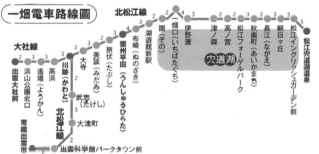

北松江線

大社線

出雲大社前、浜山公園北口、遙堪（ようかん）、高浜、川跡（かわと）、武志（たけし）、北松江線、電鐵出雲市、出雲科學館パークタウン前、大津町、大寺、美談（みだみ）、旅伏（たぶし）、雲州平田（うんしゅうひらた）、布崎（ぬのざき）、湖遊館新駅、園（その）、一畑口（いちばたぐち）、伊野灘、津ノ森、高ノ宮、秋鹿町（あいかまち）、長江（ながえ）、朝日ヶ丘、松江イングリッシュガーデン前、松江宍道湖溫泉、松江フォーゲルパーク、宍道湖

超值車票

緣結びパーフェクトチケット

一畑巴士及一畑電車等3天內可以無限
搭乘的「結緣完美券」3000日圓。於
特定觀光設施享有門票等折扣優惠。可
於松江站前服務處或米子機場、出雲機
場服務櫃台等處購買。機場接駁巴士也
有於車上販售。

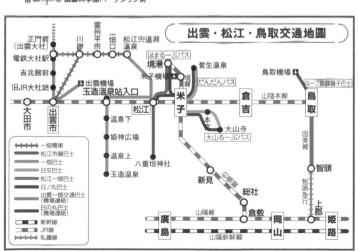

出雲・松江・鳥取交通地圖

正門前（出雲大社）、電鐵大社駅、吉兆館前、舊JR大社駅、川跡、雲州平田、一畑口、松江宍道湖溫泉、はまるーぷバス、境港、米子機場、皆生溫泉、だんだんバス、鳥取機場、ループ麒麟獅子巴士、出雲機場、玉造溫泉站入口、山陰本線、倉吉、大田市、出雲市、松江、米子、本、大山寺、鳥取、溫泉下、姬神広場、大山るーぷバス、因美線、溫泉上、八重垣神社、智頭、智頭急行、玉造溫泉、新見、上郡、姬路、総社、山陰線、廣島、倉敷、岡山、山陽本線、山陽新幹線

圖例：
一畑電車
松江市營巴士
一畑巴士
日交巴士
松江一畑巴士
日ノ丸巴士
出雲一畑交通巴士（機場連絡）
日の丸巴士（機場連絡）
新幹線
JR線
私鐵線

ACCESS GUIDE

遊逛松江的方式

遊玩松江市區的觀光景點時，移動方式以「松江Lakeline巴士」為主。
前往人氣景點八重垣神社、玉造溫泉時，建議在松江站搭乘路線巴士。

松江Lakeline巴士

於JR松江站北口7號乘車處發車的周遊巴士。環繞松江城等市區觀光景點。以逆時針單方向環線，建議根據目的地選擇搭乘，若方向不同時路線巴士反而更加方便。欣賞夕陽班次（嫁島路線）會配合日落時間而每月變動。
●JR松江站首班8時40分～末班18時40分。始發時間為每月變動。（需洽詢）
⑬無休 ⑰乘車計次一次200日圓、一日乘車券500日圓（另有售市營巴士全線與松江Lakeline巴士可無限搭乘的2日乘車券1000日圓）

松江市營巴士
☎0852-60-1111

租借自行車

Times Car Rental 松江站北店（MAP 附錄正面③D3）、松江宍道湖溫泉站（MAP 附錄正面③B3）、松江堀川地ビール館（→P100）以上3地可以租借自行車。普通自行車也可以異地還車。也有其他設施、飯店等多處提供自行車租借服務。
●因設施而異 ⑬無休
（租借時必備）身分證件
⑰普通自行車1日300日圓、電動自行車1日500日圓

Times Car Rental 松江站北店
☎0852-26-8787

松江宍道湖溫泉站
☎0852-21-2429

松江堀川地ビール館
☎0852-55-8877

路線巴士

JR松江站
- 一畑巴士 15分 → 松江しんじ湖溫泉駅
- 松江市營巴士 21分 → 八重垣神社
- 一畑巴士 20分 → 玉造溫泉站入口

溫泉下 →1分→ 姬神広場 →1分→ 溫泉上 →1分→ 玉造溫泉　4分

洽詢處

一畑巴士
☎0852-20-5205

松江市營巴士
☎0852-60-1111

遊逛鳥取的方式

地區間可以利用JR山陰本線來移動。根據不同乘車區間，
來分別選擇特急、快速與普通列車。起點站也有循環巴士可以選乘。

鐵道

鳥取・倉吉・米子各站間的移動可以搭乘JR山陰本線。鳥取～米子之間的距離較長，建議選擇特急電車。

| 松江站 | 特急「やくも」「まつかぜ」「おき」
25分/1250日圓(自由席)
1小時1～2班 | 米子站 | 境線 45分/320日圓
1小時1～2班 | 境港站 |
| | 特急「まつかぜ」「おき」
35分/2150日圓(自由席)
1～2小時1班 | | 特急「まつかぜ」「おき」「はくと」
30分/1420日圓(自由席)
1～2小時1班 | 倉吉站 → 鳥取站 |

循環巴士

路線巴士從鳥取・倉吉・米子各站都有發車，行走不同路線。

●はまるーぷ巴士〈境港〉

循環巴士有「主線」與「生活線」，觀光比較適合下圖的「主線」。
分成有轉線與左轉線，1天共9班車，一圈約1小時。乘車計次1次100
日圓。部分巴士為鬼太郎主題巴士。
☎0859-44-1140(循環巴士運行事務所)

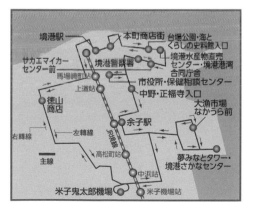

◎行駛資料・路線為2015年現況。2016年需事前確認。

●だんだん巴士〈米子〉

DANDAN巴士是米子市市民生活中時常選乘的循環巴士。也有
行經至觀光區附近，很適合旅客選擇利用。米子站平日首班8
時～末班18時，週末・假日首班9時～末班18時。每30分鐘一
班，一圈約50分鐘。乘車計次1次150日圓。
☎0859-23-5274(米子市地域政策課)

●大山るーぷ巴士〈大山〉

大山巡迴巴士行經大山・米子地區主要住宿地・觀光景點的紅
巴士及藍巴士。於4月慶～11月初的週末、假日期間限定的觀光
巴士(梅雨季停駛、暑假、楓葉季每天行駛)。有關詳細行駛
狀況需洽詢。米子站～循環路線內各站單趟720日圓(循環路線
內上下車計次1次200日圓)。1日乘車券1000日圓。
☎0859-33-9116(日本交通米子營業處)
☎0859-32-2123(日ノ丸巴士米子分店)

●ループ麒麟獅子巴士〈鳥取〉

鳥取站前巴士轉運站(0號乘車處)發車。鳥取城跡～鳥取砂
丘～鳥取港～鳥取站區間逆時針方向循環。於週末、假日、夏
季(7月20日～8月31日每日)行駛，一天12班車。元旦停駛。
乘車計次1次300日圓，1日乘車巴士卡600日圓。
☎0857-26-0756(鳥取觀光コンベンション協會)

觀光 自然 體驗 用餐 咖啡廳

從地點搜尋

🏪 購物　🍺 夜間娛樂　🏨 住宿　♨ 溫泉

來趟發現「心世界」的旅行

漫履慢旅
出雲大社　松江
鳥取
休日慢旅 ⑤

【休日慢旅5】
出雲大社 松江 鳥取
作者／JTB Publishing, Inc.
翻譯／蕭睦頤
校對／王凱洵
編輯／林庭安
發行人／周元白
排版製作／長城製版印刷股份有限公司
出版者／人人出版股份有限公司
地址／23145新北市新店區寶橋路235巷6弄6號7樓
電話／（02）2918-3366（代表號）
傳真／（02）2914-0000
網址／www.jjp.com.tw
郵政劃撥帳號／16402311人人出版股份有限公司
製版印刷／長城製版印刷股份有限公司
電話／（02）2918-3366（代表號）
經銷商／聯合發行股份有限公司
電話／（02）2917-8022
第一版第一刷／2016年10月
定價／新台幣320元

日本版原書名／マニマニ出雲大社 松江 鳥取
日本版發行人／秋田 守
Manimani Series
Title: Izumo Taisha Matsue Tottori
©2016 JTB Publishing, Inc.
All Rights Reserved.
First published in Japan in 2016 by JTB Publishing, Inc. Tokyo.
Chinese translation rights arranged with JTB Publishing, Inc.
through Creek and River Co., Ltd., Tokyo.
Chinese translation copyright ©2016 by Jen Jen Publishing Co., Ltd.

國家圖書館出版品預行編目(CIP)資料

出雲大社 松江 鳥取 / JTB
Publishing, Inc.作;龐晴崙翻譯. --
第一版. -- 新北市：人人, 2016.10
面；　公分. -- (休日慢旅；5)
ISBN 978-986-461-068-6(平裝)

1.旅遊 2.日本

731.9　　　　　　　　　105017399
　　　　　　　　　　　　　　　　JMJ

● 「この地図の作成に当たっては、国土
地理院長の承認を得て、同院発行の50万
分の1地方図、2万5千分の1地形図及び
電子地形図25000を使用した。(承認番
号　平26情使、第244-805号)」

「この地図の作成に当たっては、国土地
理院長の承認を得て、同院発行の数値地
図50mメッシュ (標高) を使用した。(承
認番号　平26情使、第242 489号)」

● 本書中的內容為2015年11月～12月的
資訊。發行後在費用、營業時間、公休
日、菜單等營業內容上可能有所變動，或
是因臨時歇業等而有無法利用的狀況。此
外，包含各種資訊在內的刊載內容，雖然
已經極力追求資訊的正確性，但仍建議在
出發前以電話等方式做確認、預約。此
外，因本書刊載內容而造成的損害賠償責
任等，敝公司無法提供保證，請在確認此
點之後購買。

● 本書中的各項費用，原則上是取材時
確認的消費稅金額。而入園門票等，
沒有特別標示者都是成人的費用。但是，
各種費用還是有可能變動，在前往消費時
請多加注意。●關於交通工具的所需時間
都只是參考時間，請多留意。另外，關於
公共交通工具的車資，使用IC乘車卡時，
部分地區、公司的車資可能會有不同。●
公休日原則上省略新年期間、盂蘭盆節、
黃金週和臨時停業的標示。●本書刊載的
利用時間，原則上為開店 (館) ～閉店
(館)。最後點菜及入店 (館) 時間，通
常為閉店 (館) 時刻的30分～1小時前，
請多留意。●本書刊載的溫泉泉質、效能
為源泉具備的性質，並非個別浴池的功
效；是依照各設施提供的資訊製作而成。

● 本書刊載的住宿費用，原則上單人
房、雙床房是1房的客房費用；而1泊2
食、1泊附早餐、純住宿，則標示2人1房
時1人份的費用。金額是以採訪時的消費
稅率為準，包含各種稅金、服務費在內的
費用。費用可能因季節、人數而有所變
動，請多留意。

See
you!

SPECIAL THANKS!

在此向翻閱本書的你，
以及協助採訪、執筆的各位
致上最深的謝意。